Schlanke Küche
vegetarisch

Margrit Sulzberger

Schlanke Küche
vegetarisch

AT Verlag

Sämtliche Rezepte sind, sofern nichts anders vermerkt, für 1 Person berechnet.

AT Verlag, Aarau und München
Lektorat: Nicola Härms, Rheinbach
Fotos: Claudia Albisser Hund, Basel
Gestaltung und Satz: AT Verlag, Aarau und München
Bildaufbereitung: Vogt-Schild Druck, Derendingen
Druck und Bindearbeiten: AZ Druck und Datentechnik Kempten
Printed in Germany

ISBN 978-3-03800-684-8

www.at-verlag.ch

Inhalt

Ein Vorwort zum Thema Abnehmen

Das Thema Abnehmen ist ein Dauerbrenner – und wird es mit Sicherheit auch bleiben, vor allem vor dem Hintergrund der alarmierenden Zunahme von übergewichtigen Menschen in den Industrieländern. Bücher zu diesem Thema sind nach wie vor große Renner (auch meine Bücher erlebten immer mehrere Auflagen). Obwohl es bereits unzählige Diätbücher gibt, erscheinen immer wieder neue, die sich auf jeden neuen Trend und jede neue Methode stürzen, in der Hoffnung, endlich *den* Heilsbringer gefunden zu haben, *die* ultimative Methode, mit der es gelingt, schlank zu werden – und es auch zu bleiben. Die USA sind Vorreiter, wenn es darum geht, auf diesem Gebiet neue Theorien und Trends zu entwickeln. Hier in Europa ist es schwierig, an einem einmal aufgestellten Dogma zu rütteln und es eventuell zu stürzen. Ein solches Dogma ist die Kalorie, die in unserem Denkmuster die Hauptverantwortliche für unsere überflüssigen Pfunde ist. So lautet die offizielle Theorie: Man wird fett, wenn man mehr Energie (= Kalorien) zu sich nimmt, als man verbraucht. Mit anderen Worten: Verbrauchen wir mehr Energie, als wir essen, dann nehmen wir ab. Auf diesem Grundsatz »Kalorien essen – Kalorien verbrauchen« basierten jahrelang alle Thesen zu Übergewicht und Abnehmen.

Doch kennt wohl jeder von uns in seinem Umfeld Menschen, die so viel essen können, wie sie mögen, ohne auch nur ein Gramm zuzunehmen. Erstaunt fragen wir uns: Wie ist das möglich? Gilt für sie das Gesetz der Kalorie nicht? Und auch ich habe in meiner Praxis immer wieder Patienten, die bei mir um Rat fragen, weil sie trotz großer Kalorienmenge, die sie täglich zu sich nehmen, nicht an Gewicht zulegen können. In der Tat ist die Theorie schon lange widerlegt, und trotzdem wird es noch Jahre dauern, bis sie endgültig der Vergangenheit angehört. Noch immer geistert die Kalorie in den meisten Diätbüchern umher, scheinbar unumstößlich und unhinterfragt.

Einer, der sich intensiv mit zahlreichen Studien zu den Zusammenhängen zwischen Essen und Gewicht befasst, ist Gary Taubes. Sein Buch Good Calories, Bad Calories, erschienen 2007, postuliert nun als gültige Erkenntnis, dass es eigentlich die Kohlenhydrate sind, »die uns fett machen«. In seinem neuesten Buch *Why We Get Fat. And What to Do about It* (2010) untersucht Gary Taubes so interessante Fragen wie: Weshalb sind einige Menschen dünn und andere dick? Welche Rolle spielen dabei die Gene? Welche Rolle spielt Bewegung? Ist Fett ein Dickmacher? Wie sieht eine schlank machende Ernährung aus? Er stellt Fragen und findet die Antworten in wissenschaftlichen Studien.

Und auch in Europa gibt es schon seit mehr als zwanzig Jahren viel beachtete Bücher, die wie jene von Gary Taubes auf der Erkenntnis beruhen, dass die wahren Dickmacher die Kohlenhydrate sind. Zu den bekanntesten in Deutschland zählen zum Beispiel die *Logi-Diät* und die *Glyx-Diät.* Auch der neueste Abnehm-Hit *Metabolic Balance* beruht auf dem Grundsatz: wenig Kohlenhydrate, dafür viel Eiweiß.

In meiner 25-jährigen Beratungspraxis habe ich folgende Erfahrungen gemacht:

1. **Jede Diät funktioniert meistens, solange man sie einhält.** Aber die meisten Diäten sind schwierig einzuhalten. Und wenn man wieder

in sein altes Essverhalten zurückfällt, sind die verlorenen Kilos sofort wieder da. Das passiert vor allem bei Diäten, die auf einer niedrigen Kalorienzufuhr beruhen. Bekannt ist dieses Phänomen unter dem Namen »Jo-Jo-Effekt«.

2. Die Ursachen von Übergewicht sind vielfältig. Wie die folgenden Kapitel zeigen, gibt es viele Ursachen von Übergewicht, und sich dabei nur auf die Kalorienzufuhr und den Kalorienverbrauch zu beschränken, ist oberflächlich, unwissenschaftlich und meist unzutreffend.

3. Es ist wichtig, sein eigenes Essverhalten zu kennen. In meiner Praxis lege ich meinen Klienten zwei Fragebogen vor, die zum einen ihnen selbst Gelegenheit geben, ihre Essgewohnheiten zu analysieren und zu notieren, und zweitens auch mir ziemlich schnell einen sehr guten Überblick über ihren Typus (Kohlenhydrat-, Eiweiß- oder Mischtyp) und ihren täglichen Menüplan verschaffen (siehe Seite 162). Ich selbst bin zum Beispiel ein ausgesprochener Eiweißtyp, würde aber am liebsten von Brot, Pasta und Salat leben. Auf Fleisch, Fisch usw. könnte ich wunderbar verzichten. So habe ich auch fünfzehn Jahre lang eine vegetarische Vollwert-Kochschule betrieben, und die weitgehend vegetarische Ernährungsweise hat mir immer voll entsprochen. Ich hatte damals auch keine nennenswerten Gewichtsprobleme, bis übermäßiger Stress und die jahrelange Einnahme von Cortison meinen Stoffwechsel negativ beeinflussten, sodass ich bei gleicher Ernährungsweise (und gleich viel Bewegung) innerhalb von zwei Jahren achtzehn Kilogramm Gewicht zulegte. Gemäß meines Ernährungstypus müsste ich meine Aufnahme von Kohlenhydraten radikal reduzieren, was mir tagtäglich viel Mühe bereitet.

Beim zweiten Fragebogen über die täglichen Ernährungsgewohnheiten kann ich mit fast hundertprozentiger Sicherheit erkennen, ob die Klientin/der Klient an einer Zuckerstoffwechselstörung leidet. Wenn jemand fünfmal am Tag Kohlenhydrate zu sich nimmt und dazu regelmäßig Zwischenmahlzeiten isst, ist die Wahrscheinlichkeit sehr groß, dass dies die Ursache seines Übergewichts ist (siehe Seite 13).

4. Wie groß ist mein Leidensdruck? Bin ich bereit, Opfer zu bringen? Studien zeigen, dass heute etwa 30 Prozent aller Menschen (in der Mehrheit Frauen) essgestört sind, das heißt, dass sie entweder an Anorexie oder (viel häufiger) an Bulimie leiden. Bei Frauen mit diesen Essstörungen ist die Angst vor Übergewicht offenbar so groß, dass sie bereit sind, auf reguläres Essen weitgehend zu verzichten oder das selbstquälerische, unangenehme und manchmal auch schmerzhafte regelmäßige Erbrechen nach dem Essen auf sich zu nehmen.

Die Mehrzahl aller um ihr Gewicht besorgten Frauen aber versucht, eine Essensweise zu praktizieren, bei der sie möglichst ihr Gewicht halten können. Je nach Typus ist dies meist mit ziemlichen Opfern verbunden. Wie eine Klientin, die lange Jahre in Kalifornien gelebt hat, mir erzählte, ernähren sich dort viele Frauen vor allem von fettfreien Pouletbrüstchen und Broccoli. Eine andere Klientin erzählte mir, dass sie, wenn sie einmal eine »normale« Mahlzeit gegessen hat, an den nächsten beiden Tagen nur von Suppe lebt.

Wenn ich im Fitnessclub Frauen ohne jeglichen Fettansatz an Hüften und Taille sehe, weiß ich, dass sie mit größter Wahrscheinlichkeit zu einer der obigen Methoden greifen. Denn Sport und Bewegung allein machen nicht schlank, und dass all diese Frauen zu dem Typus Mensch gehören, der essen kann, was er will, ohne zuzunehmen, ist eher unwahrscheinlich. Die Selbstdisziplin, die diese Frauen also täglich aufbringen müssen, ist bewundernswert.

Natürlich ist klar: Schlanksein ganz ohne Opfer geht in den meisten Fällen nicht. Wer Pasta oder Brot als Lieblingsspeisen nennt und dabei unter Insulinresistenz leidet, wird diese beiden kohlenhydratreichen Lebensmittel möglichst meiden oder stark reduzieren müssen – zumindest so lange, bis der Stoffwechsel wieder im Lot ist und die Essgewohnheiten dem eigenen Typus entsprechen.

5. Wie ist mein Durchhaltevermögen? Natürlich ist es für einen Therapeuten sehr angenehm, wenn seine Klienten die Zusammenhänge verstehen und voller Begeisterung bereit sind, die Therapie durchzuführen. Im Laufe meiner langen Praxis habe ich aber die Erfahrung gemacht, dass, je begeisterter sich jemand zeigt, desto größer die Wahrscheinlichkeit ist, dass er oder sie nicht durchhält. Es sind dies Menschen, die gerne etwas Neues anfangen, aber selten Durchhaltewillen zeigen – die »Strohfeuer-Typen«. Oft sagen sie bereits das zweite Treffen ab oder verschieben es auf einen späteren Termin. Ich habe auch bis zu einem gewissen Grad Verständnis für dieses Verhalten, ist doch die Geschwindigkeit, mit der das Abnehmen sichtbar oder messbar ist, bei jedem Menschen verschieden. Je größer das Übergewicht, desto schneller nimmt man anfänglich ab. Und je mehr man sich seinem Idealgewicht nähert, desto langsamer geht es. Wobei das Idealgewicht nicht immer mit dem Wunschgewicht übereinstimmt. Viele Frauen haben schon lange ihr Idealgewicht erreicht, wünschen sich aber, noch mehr abzunehmen. Doch gerade diese letzten Kilos sind ganz schwer wegzubekommen. Auch ist es vom Alter abhängig, mit welcher Geschwindigkeit man abnimmt.
Eine Frau nach den Wechseljahren muss um jedes abgenommene Pfund kämpfen.

Besonders schwierig ist es, eine Diät mit den Einschränkungen, die sie mit sich bringt, durchzuhalten, wenn seelische Probleme – etwa nach einer Trennung, Krankheit oder anderen übermäßigen Belastungen – hinzukommen. Da Essen oft einen kompensatorischen Charakter hat, kann eine solche zusätzliche Einschränkung schon zu viel sein. Auch Ferien und Feiertage oder Familienfeste können die Einhaltung eines Diätplans oft sehr erschweren.

6. Oft braucht es mehrere Anläufe, um ans Ziel zu gelangen. Wie bereits gesagt, ist es nicht immer möglich, stur seinen Essensplan durchzuziehen. Es braucht oft mehrere Anläufe, und das sollte man sich auch ohne viel Aufhebens zugestehen. Wenn der Leidensdruck groß genug wird, fällt auch das Durchhalten leichter.

7. Man sollte seinen Stoffwechsel kennen. Es sind vor allem die Hormone, die den Stoffwechsel regulieren; sie sind bestimmend dafür, wie wir abnehmen oder eben zunehmen (dies betrifft die Schilddrüsenfunktion und die Hormone Adrenalin, Cortisol, Glukagon, Insulin). In den Kapiteln »Fettstoffwechsel« und »Kohlenhydratstoffwechsel«, Seite 13 und 16, sind ihre Funktionen näher beschrieben.

Warum richtet sich dieses Kochbuch an Vegetarier? Für Vegetarier ist es am schwierigsten abzunehmen. Sie ernähren sich vorwiegend von Kohlenhydraten. Da ihre Eiweißzufuhr sich praktisch nur auf Milchprodukte, Eier, Hülsenfrüchte, Nüsse und Sojaprodukte beschränkt, kann der tägliche Menüplan sehr eintönig werden. Mit meinen Rezepten möchte ich Ihnen zeigen, wie Sie diese Eintönigkeit durchbrechen und das Essen trotz Kohlenhydrat-Restriktionen appetitanregend und schmackhaft machen können.

Ein Wort zum Schluss ...

Es ist wichtig, sich gut darüber zu informieren, weshalb man übergewichtig ist, damit man dementsprechend gegensteuern kann. Ich habe die wissenschaftlichen Hintergründe zu diesem Thema daher auf ein gut les- und begreifbares Niveau reduziert, ohne an der Richtigkeit der Aussagen etwas zu ändern.

Ich wünsche Ihnen viel Vergnügen und viele Aha-Erlebnisse beim Lesen dieses Buches und: Nehmen Sie ab, und zwar mit Freude, Motivation und möglichst viel Leichtigkeit!

Ihre
Margrit Sulzberger

Paradoxe Welt: Dicke Menschen waren früher sehr angesehen, weil nur reiche Menschen es sich leisten konnten, viel zu essen. Da sie zudem nicht körperlich arbeiten mussten, setzten sie auch mehr Fett an. Heutzutage ist es genau umgekehrt: Übergewichtige Menschen kommen häufig aus sozial eher benachteiligten Gruppen. Auf jeden Fall gilt: Die Lebensumstände haben sich geändert, wir bewegen uns viel weniger als früher und können uns in der Regel viel mehr zu essen leisten. Ich bin zu Beginn des Zweiten Weltkriegs geboren, zu einer Zeit, als das Essen durch Lebensmittelmarken rationiert war. Bewegung hatte man automatisch mehr als heute, weil nur wenige und nur gewisse Berufsgruppen über ein Auto verfügten. Die anderen gingen zu Fuß oder fuhren mit dem Fahrrad. Alle Hausarbeiten waren noch mit viel körperlicher Anstrengung verbunden, und es gab viel weniger sitzende Berufe als heutzutage. Kalorien zu zählen, kam da niemandem in den Sinn. Im Gegenteil, es bestand vielmehr die Sorge, ausreichend zu essen zu bekommen. Mit dem einsetzenden Wirtschaftswunder und der damit verbundenen Einkommenssteigerung für alle kamen dann langsam die Wohlstandspolster. Meiner Meinung nach ist dafür maßgeblich auch das Aufkommen der vorgefertigten Produkte der Lebensmittelindustrie verantwortlich – Tütensuppen, Fertiggerichte, Konserven, fertig gemischte Frühstücksflocken wie Cornflakes und dergleichen.

Im Lauf der Jahre wurde dann besonders durch das Aufkommen der Frauenzeitschriften die Devise »schlanke Taille, großer Busen« bestimmend für die weibliche Figur. Das Schönheitsideal folgte damals der Regel: Körpergröße minus 100 = ideales Körpergewicht. Also: bei einer Größe von 1,70 Meter minus 100 = Idealgewicht 70 Kilo. Heute habe ich in meiner Praxis oft Frauen von 1,70 Meter und einem Körpergewicht von etwa sechzig Kilogramm, die unbedingt noch einige Kilos abnehmen wollen, weil sie sich zu dick fühlen.

In dieser Zeit wurde von der Ernährungswissenschaft der Begriff der Kalorie ins Spiel gebracht. Die Kalorie oder Kilokalorie (cal bzw. kcal) ist eine veraltete Maßeinheit für Wärmeenergie. Sie wird aber immer noch verwendet, um den Energiegehalt in Nahrungsmitteln (Brennwert) oder den Energieumsatz des Menschen bei verschiedenen Aktivitäten anzugeben. 1 Kalorie (1 cal) ist die Wärmeenergie, die benötigt wird, um 1 Gramm Wasser um 1 Grad Celsius zu erwärmen. Heute ist Joule die international verbindliche Maßeinheit für Energie: 1 kcal = 4,1868 Joule.

Energiegehalt von Lebensmitteln

	kcal	**kJ**
1 g Kohlenhydrate	4,1	17,2
1 g Eiweiß	4,1	17,2
1 g Fett	9,3	38,9
1 g Alkohol	7,1	29,7
1 g Zucker	4,0	16,7

In der Ernährungswissenschaft galt folgende Theorie jahrelang als unumstößlich: Nimmt man mehr Energie (Kalorien) zu sich, als man verbraucht, nimmt man zu. Oder andersherum: Verbraucht man mehr Energie – durch Bewegung, Sport usw. –, als man über die Ernährung zu sich nimmt, nimmt man ab.

Inzwischen ist längst bekannt, dass diese Theorie nicht stimmt! Ob jemand zu Über-, Unter- oder Normalgewicht neigt, hängt zusätzlich von ganz anderen Faktoren ab. Entscheidend ist unter anderem die genetische Veranlagung.

Die Typenlehre nach Kretschmer, Sheldon und ayurvedischer Lehre

Es gab bzw. gibt verschiedene Typenlehren, die die Menschen gemäß ihrer körperlichen Konstitution unterteilen. Die Typenlehre nach Kretschmer beispielsweise gilt zwar vom wissenschaftlichen Standpunkt aus als überholt, hat aber dennoch als Grobeinteilung der Konstitution eines Menschen eine gewisse Gültigkeit beibehalten. Kretschmer teilt die Menschen in drei Typen ein:

- *leptosom:* mager, zart, eng- und flachbrüstig, mit dünnen Armen und Beinen
- *pyknisch:* mittelgroß, gedrungener Körperbau, Neigung zu Fettansatz
- *athletisch:* kräftiger Körperbau, breite Schultern, breiter Brustkorb

Leider ist das heutzutage bei Frauen beinahe ausschließlich anerkannte Schönheitsideal der leptosome Girl-Typus. Und Männer wiederum sollten, um als attraktiv zu gelten, einen athletischen Körper mit Waschbrettbauch haben.

Die Typologie von William Sheldon verwendet andere Begrifflichkeiten:

- *ektomorph:* kurzer Oberkörper, lange Arme und Beine, schmale Füße und Hände, schmale Schultern, geringe Fettspeicherung (= leptosom)
- *endomorph:* Neigung zu Adipositas, weiche Muskulatur, kurze Arme und Beine, rundes Gesicht (= pyknisch)
- *mesomorph:* Neigung zur Bildung von vielen Muskeln, mächtiger Brustkorb (= athletisch)
- Mischtypus

Die ayurvedische Lehre wiederum geht von den drei Lebensenergien Vata, Pitta und Kapha (auch Doshas genannt) aus:

- *Vata-Typ:* geringes Gewicht und leichter Körperbau (= leptosom)
- *Pitta-Typ:* mittelschwerer Körperbau, starker Hunger und gute Verdauung (= pyknisch)
- *Kapha-Typ:* stabiler und schwerer Körperbau, Neigung zu Übergewicht (= athletisch)
- Auch hier kennt man Mischtypen.

Wie bereits erwähnt, gelten heute diese Theorien über die verschiedenen Konstitutionstypen zum Teil als überholt. Man geht generell eher von der genetischen Veranlagung aus, die dafür verantwortlich ist, ob jemand zu Über-, Normal- oder Untergewicht neigt.

Die genetische Prägung

Haben Sie sich schon einmal Gedanken darüber gemacht, weshalb manche Menschen ein Doppelkinn haben und andere nicht? Weshalb die einen »Rettungsringe« um die Taille haben, andere nicht? Und weshalb manche Menschen dicke Oberschenkel, aber ein schmales Gesicht haben? Es heißt, dass die genetische Prägung bestimmt, wo ein Mensch Körperfett anlagert. Aber stimmt das auch immer? Ich habe in meiner Praxis einmal Zwillingsschwestern beraten, von denen die eine klein und dünn, geradezu knabenhaft ist und die andere groß und stark übergewichtig. Ich kenne auch ihre Eltern, beide sind schlank und von mittelgroßer Statur. Eine Erklärung des NIH (National Institute of Health, eines der führenden medizinischen Forschungszentren des amerikanischen Ministeriums für Gesundheit) zum Thema Übergewicht besagt: »Übergewicht ist eine komplexe, multifaktorielle chronische Krankheit, gesteuert durch Gene und Umwelteinflüsse.« Aber: Zwillinge haben bekanntlich dieselben Gene, und diese beiden Schwestern sind in derselben Familie aufgewachsen, also unter denselben Bedingungen. Rätsel über Rätsel!

Vor dem Hintergrund des jeweiligen Körperbaus bzw. der genetischen Veranlagung ist eine Kalorie nicht für jeden und jede dasselbe: Der eine verbraucht sie schneller, die andere langsamer. Der eine kann so viel essen, wie er möchte und bleibt seinem Typus gemäß trotzdem schlank, die andere hat eher die Tendenz, das Essen in Fett umzuwandeln und es an den üblichen Orten zu speichern: Bauch, Hüfte, Po, Oberschenkel, Gesicht. Neben der genetischen Veranlagung bestimmen noch viele andere Faktoren darüber, ob jemand dick wird oder schlank bleiben oder werden kann, beispielsweise der Fettstoffwechsel, der **Kohlenhydratstoffwechsel** oder der Einfluss der **Hormone,** wie Sie in den folgenden Kapiteln sehen werden.

Fazit: Das bloße Kalorienzählen ist überholt, da das Körpergewicht eines Menschen keinesfalls allein durch die Zufuhr bzw. den Verbrauch von Kalorien bestimmt wird.

In seinem Buch *Why we get fat* beschreibt Gary Taubes, dass sich die Fachwelt schon seit über hundert Jahren darüber streitet, weshalb die einen Menschen Fett ansetzen, also lipophil sind, und andere nicht.

Weshalb speichern wir Fett?

Warum speichert der Körper überhaupt Fett? Fett hat eine wichtige Aufgabe: Es hält den Körper warm und schützt die empfindlichen Organe und Körperteile. Ein gesunder Körper enthält auch so viel Fett in seinem Fettgewebe – nicht zu viel und nicht zu wenig –, dass immer genügend »Treibstoff« für seine Zellen vorhanden ist. Wenn jemand übergewichtig ist, heißt es nicht, dass diese Regulation nicht mehr funktioniert, sondern dass sie durch irgendetwas gestört wurde. Das Fettgewebe ist also nicht einfach ein Abfalleimer, in dem wir alle unverbrauchten Kalorien deponieren.

Die Experten sahen das Körperfett lange Zeit als eine Art Sparkonto an: Danach wandelt der Körper die überzähligen Kalorien in Fett um, sodass diese im Fettgewebe verbleiben, bis der Körper unterversorgt ist. Benötigt der Körper dann wieder Kalorien, kann er die Fettpolster angreifen. Dass diese Theorie falsch ist, weiß man seit Langem. Fett fließt ununterbrochen aus und in die Fettzellen und zirkuliert im Körper, um als Betriebsstoff zu dienen. Wird es nicht gebraucht, dann kehrt es in die Fettzellen zurück. Dies passiert unabhängig davon, ob wir gerade gegessen oder uns sportlich betätigt haben oder nicht. Der Körper verbrennt für die Energieproduktion zuerst Kohlenhydrate und dann erst das Fett, weil er in erster Linie den Blutzucker regulieren will. Und wenn man in einer Mahlzeit sehr viele Kohlenhydrate zu sich nimmt, dann haben die Zellen viele Kohlenhydrate zu verbrennen, bevor sie an den Verbrauch von Fett gehen.

Die Rolle des Insulins im Fettstoffwechsel

Es gibt viele Hormone, die beim Fettstoffwechsel eine Rolle spielen. Das weitaus wichtigste dieser Hormone ist das Insulin. Es ist der primäre Regulator des Fettstoffwechsels und bestimmt gleichzeitig die Verwendung von Eiweiß (Muskelzellen) und die Speicherung von Glykogen und Fett.

Stellen Sie sich vor, dass Sie eine Mahlzeit essen, die sowohl Fett als auch Kohlenhydrate (z. B. Brot, Kartoffeln, Teigwaren, Reis, Kuchen, Süßigkeiten, Früchte) enthält – dies trifft auf die meisten Mahlzeiten zu. Wenn das Fett verdaut ist, wird es direkt zu den Fettzellen transportiert und dort deponiert. Es wird sozusagen aufbewahrt, bis die Kohlenhydrate im Verdauungstrakt in Zucker, also Glukose, verwandelt werden (Fruchtzucker wird anders verstoffwechselt, siehe Seite 22). Die Zellen im gesamten Körper brauchen Glukose als Betriebsstoff. Und hier tritt das Insulin in Aktion. Der Körper schüttet Insulin automatisch aus der Bauchspeicheldrüse ins Blut aus, sobald wir nur ans Essen denken. (Das Gleiche passiert auch mit der Magensäure: Kaum denken wir ans Essen, produziert unser Magen Magensäure.) Das Insulin bereitet den Körper auf die Verdauung der Mahlzeit vor. Wenn Sie den ersten Bissen zu sich nehmen, wird noch mehr Insulin in die Blutbahnen ausgeschüttet. Das Insulin transportiert die Glukose wie ein Taxi aus dem Blut in die Zellen. Die Zellen wiederum verbrennen einiges an Glukose als Treibstoff, zum Beispiel zur Aufrechterhaltung der Körperwärme, für die Bildung des Nukleotids ATP[1] und zur Energiegewinnung für die Muskelzellen. Die Muskelzellen speichern diese Energie in Form eines Moleküls, Glykogen genannt. Auch Leberzellen speichern Zucker als Glykogen und verwandeln ebenfalls einiges davon in Fett. **Und wenn diese Depots – Muskeln und Leber – voll sind, speichern Fettzellen das Glykogen als Fett.**

Wenn der Blutzucker wieder sinkt und die Insulinmenge ebenfalls, wird mehr und mehr Fett, das während der Mahlzeit gespeichert wurde, aus den Fettzellen freigesetzt. Ein Teil dieses Fetts waren ursprüngliche Kohlenhydrate, ein anderer Teil war schon immer Fett – aber einmal in den Fettzellen gespeichert, ist der Ursprung des Fetts irrelevant. Je mehr Zeit seit einer Mahlzeit vergangen ist, desto mehr schaltet der Körper auf Fettverbrennung um. Das ist auch der Grund, weshalb wir nachts durchschlafen können, ohne zwischendurch essen zu müssen, um unseren Zellen genügend Energie zu geben. Unser Körper verbraucht auch Energie, wenn wir uns nicht bewegen, zum Beispiel für Atmung, Herzschlag, Aufrechterhaltung der Körpertemperatur. Man nennt dies Grundumsatz.

Zur Regulation des Fettstoffwechsels gibt es zwei Enzyme, die durch das Insulin gesteuert werden: Da ist einmal LPL, die Lipoproteinlipase. Diese ragt aus den Membranen von Zellen heraus und zieht Fett aus dem Blutstrom in die Zelle hinein. Sitzt das LPL auf Muskelzellen, dann zieht es Fett zur Energiegewinnung in die Zelle hinein. Sitzt es auf Fettzellen, dann macht es die Fettzellen fetter. Bei Männern ist die LPL-Aktivität im Fettgewebe des Oberbauchs höher, deshalb nehmen sie dort eher zu als etwa im Bereich des Unterbauchs. Das männliche Hormon Testosteron unterdrückt die LPL-Aktivität, weshalb Männer mit zunehmendem Alter, wenn die Testosteronproduktion sinkt, eher zu einem Bauchansatz neigen. Bei Frauen wiederum ist die LPL-Aktivität im Bereich der Hüften und des Pos höher und um die Taille geringer. Erst nach der Menopause gleicht sich die Tendenz zum Fettansatz in der Taille bei Männern und Frauen aus.

Das andere Enzym, das durch das Insulin gesteuert wird, ist das HSL (hormonsensitive Lipase). Es spaltet Triglyceride in Fettsäuren, sodass

Das Fett in unserem Körper existiert in zwei Formen, die ganz verschiedenen Zwecken dienen: Fett fließt in die Zellen hinein und heraus in Form von Molekülen, die wir »Fettsäuren« nennen.

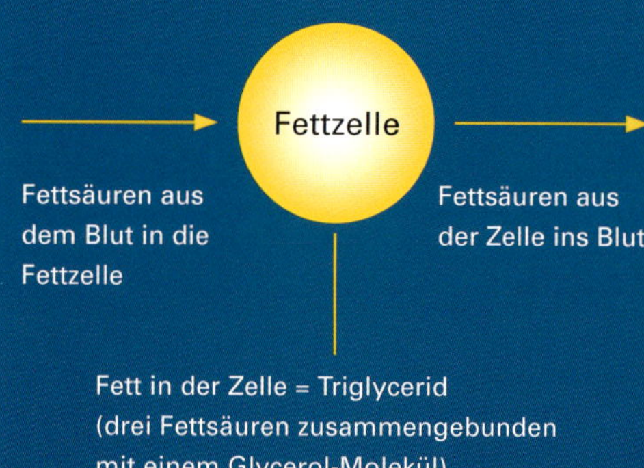

Alles, was die Fettsäuren in die Zelle hineinschleust, wo sie als Triglyceride gespeichert werden, macht uns fetter. Und alles, was die Triglyceride innerhalb der Zelle in Fettsäuren spaltet, macht uns schlanker.

das Fett aus den Zellen in die Zirkulation einfließen kann. Je aktiver dieses Enzym ist, desto mehr Fett wird als Energiebringer freigesetzt. Das Insulin unterdrückt diese Freisetzung.

Unser Fettgewebe ist wie eine Geldbörse

Um auf das erwähnte – und wie gesagt falsche – Bild vom Fett als Sparkonto des Körpers für fettarme Zeiten zurückzukommen, ist also festzustellen, dass das Fettgewebe eher eine Art Geldbörse ist. Wir geben Fett hinein, und wir nehmen Fett heraus. So werden wir nach jeder Mahlzeit etwas dicker, und wir werden wieder schlanker, wenn die Mahlzeit verdaut ist.

Und schlanker werden wir auch im Schlaf.[2] Nicolai Worm erklärt in seinem Buch, warum Schlafmangel dick und krank macht. Wer schlecht schläft, kennt nur allzu gut die unmittelbaren Auswirkungen des Schlafmangels: anhaltende Müdigkeit am Tag, Leistungsfähigkeit und Konzentration sind auf dem Tiefpunkt. Und dann auch noch ein scheinbar unerklärlicher Bärenhunger. Was unweigerlich dazu führt, dass wir das essen und trinken, was uns die Energie erhöht: nämlich Kohlenhydrate, zum Beispiel in Form von Süßigkeiten, Cola- oder anderen Süßgetränken. Oder wir trinken Unmengen von Kaffee, was uns wiederum am Schlafen hindert.

Andere Hormone, die den Fettstoffwechsel indirekt beeinflussen

Neben dem Insulin gibt es noch andere Hormone, die den Fettstoffwechsel indirekt beeinflussen. Dies sind:

- Wachstumshormone, verantwortlich für Wachstum und Entwicklung
- Sexualhormone, insbesondere Östrogen und Testosteron, verantwortlich für die Fortpflanzung
- Adrenalin, verantwortlich für die Flucht- oder Kampfbereitschaft

Diese Hormone steuern gleichzeitig die Bereitstellung von Energie für die genannten Aktivitäten, indem sie den Fettzellen signalisieren, Fettsäuren bereitzuhalten. Ist der Insulinspiegel erhöht, so ist diese Energiebereitstellung blockiert.

Eine Ausnahme bildet hier das Stresshormon Cortisol. Es kann sowohl bewirken, dass mehr Fettsäuren aus den Fettzellen herausfließen als auch die Speicherung von Fett anregen, insbesondere bei einer bestehenden Insulinresistenz. Deswegen können je nach Stoffwechsellage gewisse Menschen bei Stress abnehmen, während andere dabei zunehmen.

1 ATP (Adenosintriphosphat) – ein Treibstoff, der Tausende von biochemischen Abläufen in der Zelle ermöglicht.
2 Siehe das hoch interessante Buch von Dr. Nicolai Worm über das Abnehmen im Schlaf: *Die Schlafmangel-Fett-Falle … wie Sie trotzdem gesund und schlank bleiben*, Verlag Systemed, 2011

Wir werden nicht vom Fett fett, sondern von den Kohlenhydraten

Kohlenhydrate = Zucker, Brot, Teigwaren, Reis, Kartoffeln, Früchte

Es gibt nichts Schwierigeres, als ein altes Dogma über den Haufen zu werfen und ein neues zu akzeptieren. Eines davon ist, wie in den vorigen Kapiteln gesehen, die Rolle der Kalorie und des Fetts. Jahrzehntelang war man in der Ernährungswissenschaft der Meinung, dass wir durch den Konsum von zu vielen Kalorien, in erster Linie von Fett, dick werden. Neueste Forschungen haben wie bereits erklärt eindeutig bewiesen, dass wir nicht vom Fett zunehmen, sondern von den Kohlenhydraten.

Die Rolle des Insulins

Die Aufgabe des Hormons Insulin besteht in erster Linie in der Regulation der Höhe des Blutzuckerspiegels. Und es ist, wie im vorigen Kapitel gesehen, der primäre Regulator des Fettstoffwechsels. Seine Ausschüttung aus der Bauchspeicheldrüse (Pankreas) wird hauptsächlich über die Menge der aufgenommenen Kohlenhydrate bestimmt.[3] Ein Zuviel an Kohlenhydraten bewirkt einen Anstieg an Insulin.

Die Rolle des Insulins auf einen Blick:

1. Sie denken an eine Mahlzeit, die Kohlenhydrate enthält.
2. Sie beginnen, Insulin in die Blutbahnen auszuscheiden.
3. Das Insulin signalisiert den Fettzellen, keine Fettsäuren mehr auszuscheiden und mehr Fettsäuren aus dem Blut aufzunehmen.
4. Sie fangen an zu essen.
5. Sie schütten noch mehr Insulin aus.
6. Die Kohlenhydrate werden zu Glukose verdaut, und damit beginnt der Blutzuckerspiegel zu steigen.
7. Sie schütten noch mehr Insulin aus.
8. Das Fett aus der Mahlzeit wird als Triglycerid in den Fettzellen gespeichert. Dasselbe geschieht auch mit Glykogen, das in der Leber zu Fett verwandelt wird.
9. Die Fettzellen werden fetter.
10. Das Fett bleibt in den Zellen, bis der Insulinspiegel wieder fällt.

Die Folgen eines zu hohen Insulinspiegels im Körper können also gravierend sein. Nur wenn es uns gelingt, den Insulinspiegel tief zu halten, können wir abnehmen. Wenn nicht, dann können wir kein Fett verbrennen. Abgesehen davon kann ein jahrelang chronisch erhöhter Insulinspiegel auch eine ernsthafte Krankheit nach sich ziehen, nämlich Diabetes.

3 Die Insulinausschüttung wird auch durch das Essen von Eiweiß (Proteine) angeregt, aber in viel kleinerem Maße.

Wenn das Insulin erhöht ist ...

- kann kein Fett verbrannt werden.
- können zwei wichtige Hormone nicht wirken, nämlich Glukagon, das die Verbrennung von Fett und Zucker begünstigt, und das Wachstumshormon, das für die Neubildung von Muskeln wichtig ist.
- haben Sie einen niedrigen Blutzuckerspiegel. Die Folgen: Sie sind müde. Sie verspüren Heißhunger nach neuen Kohlenhydraten (siehe Glykämischer Index, Seite 18).
- entsteht mit der Zeit ein sogenannter chronischer Hyperinsulinismus mit seinen unangenehmen Folgen:

– ständige Müdigkeit
– häufiges Gähnen
– Konzentrationsmangel
– erhöhter Blutdruck
– grundlose Aggressivität
– dauernde Lust auf Kohlenhydrate und Süßigkeiten

Hyperinsulinismus und Insulinresistenz

Unter Hyperinsulinismus versteht man einen Zustand mit einer über das normale Maß hinaus erhöhten Konzentration von Insulin im Blut. Je länger dieser Zustand andauert, desto größer wird die Wahrscheinlichkeit einer sogenannten Insulinresistenz. Dies bedeutet, dass die Körperzellen immer weniger auf das Insulin ansprechen und dass für die Regulierung des Blutzuckerspiegels immer mehr Insulin benötigt wird.

Durch die dauerhaft überhöhte Konzentration an Insulin im Körper ist der Blutzuckerspiegel ständig niedrig. Die Folgen sind eine bei gleicher Ernährungsweise langsame, aber stetige Gewichtszunahme (vor allem in der Taillengegend), chronische Müdigkeit, die sich schon kurz nach dem Essen bemerkbar machen kann, sowie ein Verlangen nach Süßigkeiten oder Koffein. Süßigkeiten, damit der Blutzuckerspiegel wieder steigt und man wieder Energie bekommt, Koffein, um sich ebenfalls wieder aufzupushen. So paradox es klingt: Geht man in diesem Stadium zum Arzt, wird man für seinen niedrigen Blutzuckerspiegel gelobt. Dabei kann man bereits kurz vor einem Diabetes stehen. Gelingt es der Bauchspeicheldrüse eines Tages nicht mehr, genügend Insulin zu produzieren, um den Blutzucker niedrig zu halten, sprechen wir von Diabetes. Der Blutzucker ist dann dauerhaft erhöht mit all den Nebenwirkungen, die ein Diabetes mit sich bringt.

Es ist also unbedingt nötig, den Insulinspiegel möglichst niedrig zu halten. Wie man das macht, sehen Sie im folgenden Abschnitt zum Glykämischen Index und in den Rezepten, die diese Negativfolgen zu vermeiden helfen.

Um abnehmen zu können, ist es unabdingbar, den Insulinspiegel möglichst niedrig zu halten bzw. möglichst wenig zu erhöhen. Die Erhöhung des Insulins wird mit dem sogenannten Glykämischen Index bzw. dem Glykämischen Load (deutsch Glykämische Last) gemessen.

Der Glykämische Index bzw. die Glykämische Last

Der Glykämische Index ist ein Maß zur Bestimmung der Wirkung eines kohlenhydrathaltigen Lebensmittels auf den Blutzuckerspiegel.
Je höher der Wert ist, desto höher steigt der Blutzuckerspiegel an.

Niedriger Glykämischer Index (Glyx)	0–55
Mittlerer Glykämischer Index	56–75
Hoher Glykämischer Index	ab 76

Die Glykämische Last stellt eine Erweiterung zum Glykämischen Index dar. Anders als beim Glykämischen Index wird hier auch die Gesamtmenge der aufgenommenen Kohlenhydrate beachtet. Zum rascheren Abnehmen ist sie besser geeignet – aber auch strenger – als der Glykämische Index.

Niedrige Glykämische Last	0–10
Mittlere Glykämische Last	10–19
Hoher Glykämische Last	ab 20

Lebensmittel mit niedriger und mittlerer Glykämischer Last (pro 100 g)
(zum schnellen Abnehmen)

	Niedrige glykämische Last	**Mittlere glykämische Last**
Alkohol	Apfelwein, trocken	
	Champagner	
	Rotwein, trocken	
	Weißwein, trocken	
Brot	Kleiebrot	Pumpernickel
		Schrotbrot
Fertiggerichte, Konserven	Essiggurken	Sushi
	Falafel	Tacos
	Hummus	
Früchte	Ananas, frisch, Saft	Banane
	Apfel, frisch, Saft	Datteln
	Aprikose, frisch	
	Erdbeere	
	Feige, nur frisch	
	Granatapfel	
	Grapefruit	
	Heidelbeeren	
	Himbeeren	
	Honigmelone	
	Johannisbeeren	
	Kaki	
	Kirschen	

	Niedrige glykämische Last	Mittlere glykämische Last
	Kiwi	
	Litschi, frisch	
	Mandarine, Nektarine	
	Clementine	
	Mango	
	Melone	
	Orange, Orangensaft zuckerfrei	
	Papaya	
	Passionsfrucht	
	Pfirsich	
	Pflaume	
	Rhabarber	
	Stachelbeeren	
	Trauben	
Gemüse	Artischocke	Kartoffelpüree, selbst zubereitet
	Aubergine	Süßkartoffeln
	Avocado	
	Bambussprossen	
	Blumenkohl	
	Bohnen	
	Broccoli	
	Butterbohnen	
	Champignons	
	Chicorée	
	Chinakohl	
	Endivie	
	Erbsen	
	Fenchel	
	Gartenkresse	
	Grüne Bohnen	
	Grüne Salate	
	Grünkohl	
	Gurke	
	Karotten	
	Karottensaft	
	Kartoffel, gekocht	
	Kohl	
	Kohlrabi	

	Niedrige glykämische Last	Mittlere glykämische Last
	Kopfsalat	
	Kürbis	
	Lauch	
	Löwenzahn	
	Mangold	
	Oliven, grün und schwarz	
	Paprika	
	Pilze	
	Radieschen, Rettich	
	Rosenkohl	
	Rote Bete (Rande)	
	Rotkohl	
	Schwarzwurzeln	
	Sellerie	
	Sojabohnen, Sojasprossen	
	Spinat	
	Stangenbohnen	
	Staudensellerie	
	Tomaten	
	Weißkohl (Kabis)	
	Wirsing (Wirz)	
	Zucchini	
Getreide	Couscous	brauner Reis
	Porridge	Lasagne
	Ravioli	Müsli
	Weizenkeime	Pizza Margherita
	Weißer Grieß	Reis, weiß, parboiled
		Risotto mit Gemüse
		Sojanudeln
Hülsenfrüchte	Bohnen, braun, rot, Kidneybohnen	Linsen, braun, gelb, grün
	Bohnenkerne, grün	Kichererbsen
	Pintobohnen	Limabohnen
	Tofu	Mungobohnen

	Niedrige glykämische Last	Mittlere glykämische Last
Milchprodukte	Buttermilch	
	Fruchtjoghurt, Naturjoghurt	
	Hüttenkäse	
	Hafermilch	
	Kokosmilch	
	Milch	
	Quark	
	Sojamilch	
Nüsse, Kerne	Cashews	
	Erdnussbutter, Erdnüsse	
	Haselnüsse	
	Kokosnuss	
	Kürbiskerne	
	Leinsamen	
	Mandeln, Mandelmilch	
	Pistazien	
	Sonnenblumenkerne	
Süßigkeiten		Eiscreme, Fruchteis
		Schokolade, schwarz

Die Rezepte in diesem Buch halten sich alle an die Glykämische Last und sind deshalb zum Abnehmen besonders geeignet.

Zucker besteht je zur Hälfte aus Glukose und Fruktose (Fruchtzucker). Aus Glukose gewinnen wir Energie. Glukose kann in jeder Zelle zu Energiegewinnung verwertet werden. Fruktose hingegen kann nur in der Leber verarbeitet werden, sie wird dort in Fett umgewandelt. Fruktose kommt durch ihre hohe Süßkraft anstelle von weißem Zucker immer mehr zum Einsatz in der Lebensmittelindustrie, insbesondere bei Süßgetränken, sogenannten Diabetikerlebensmitteln und natürlich bei Fruchtsäften. Es gibt bereits eine Reihe von wissenschaftlichen Berichten, wonach die Fruktose vom Körper sehr viel schneller in Körperfett umgewandelt wird als Glukose. Darüber hinaus stimuliert die Fruktose die Einlagerung von Fetten aus der Nahrung. Dieses Fett FFA wird von der Leber in die Muskeln transportiert, und dort entsteht mit der Zeit eine muskuläre Insulinresistenz. So paradox es auch klingen mag: Eine Fettleber, die man normalerweise dem übermäßigen Genuss von Alkohol zuschreibt, kann man auch durch den Verzehr von zu vielen Früchten bekommen!

Vor diesem Hintergrund verwundert es nicht, dass einer meiner Klienten – stark übergewichtig – in meine Praxis kam und mir verzweifelt berichtete, dass er seinen Kalorienkonsum drastisch reduziert habe, sich fast nur noch von Obst ernähre und dennoch weiter zunehme. Einmal mehr ist bewiesen: Es ist nicht der Kaloriengehalt, der das Übergewicht verursacht, sondern die Art der Kalorien, die wir zu uns nehmen.

Fruktose wird übrigens wie Alkohol verstoffwechselt und erzeugt auch dieselben Krankheiten: Bluthochdruck, Myokardinfarkt, Fettstoffwechselstörungen, Pankreasentzündung, Übergewicht. Was kaum jemand weiß: Ein Weglassen von Fruktose kann bei jemandem, der regelmäßig zu viel davon zu sich nimmt, sogar zu richtigen Entzugserscheinungen führen, insbesondere zu Kopfschmerzen.

Der Zucker ist die einzige Kalorienquelle, die mit der Erhöhung von Diabetes-Erkrankungen korreliert: 1985 lag der Zuckerkonsum weltweit bei 98 Millionen Tonnen[4], und es gab 30 Millionen Diabetiker. 2010 lag der Zuckerkonsum bei 160 Millionen Tonnen, und es gab 346 Millionen Diabetiker!

Fruktose-Intoleranz

Eine andere unangenehme Begleiterscheinung eines Zuviels an Obst kann auch die Fruktose-Intoleranz sein. Seit ungefähr fünf Jahren kommen rund siebzig Prozent meiner Klienten und Klientinnen mit der ärztlichen Diagnose »Reizdarm« in meine Praxis. Die Fruktose-Intoleranz kann eine von vielen Ursachen für einen Reizdarm sein. Wenn man unter Beschwerden wie Blähungen, Bauchschmerzen, breiigem und übel riechendem Stuhl bis hin zu Durchfall leidet, kann, muss aber natürlich nicht, eine Fruktose-Intoleranz bestehen. Auf jeden Fall sollte ein Besuch beim Arzt erfolgen, um die Ursachen abzuklären.

4 Gemäß www.mercola.com, 7.5.2012

Fruktosegehalt von Früchten

Frucht	Portionsgröße	Fruktose in Gramm
Limette	1 mittelgroße	0
Zitrone	1 mittelgroße	0,6
Passionsfrucht	1 mittelgroße	0,9
Pflaume	1 mittelgroße	1,2
Datteln	1 Stück	2,6
Cantaloupe-Melone	⅛ Scheibe	2,8
Himbeeren	1 Tasse	3,0
Clementine	1 mittelgroße	3,4
Kiwi	1 mittelgroße	3,4
Brombeeren	1 Tasse	3,5
Kirschen	10 Stück	3,8
Erdbeeren	1 Tasse	3,8
Ananas	1 Stück	4,0
Grapefruit	½ Frucht	4,3
Pfirsich	1 mittelgroßer	5,9
Orange	1 mittelgroße	6,1
Papaya	½ Frucht	6,3
Banane	1 mittelgroße	7,1
Blaubeeren	1 Tasse	7,4
Apfel	1 mittelgroßer	9,5
Wassermelone	1/16	11,3
Mango	½ mittelgroße Frucht	16,2
Aprikosen, getrocknet	1 Tasse	16,4
Feigen, getrocknet	1 Tasse	23,0

Als Faustregel gilt: Pro Tag sollte man nicht mehr als 25 Gramm Fruktose zu sich nehmen. Für Übergewichtige gilt eine Menge von höchstens 10–15 Gramm täglich als Grenzwert.

Ich habe daher in meinen Rezepten bewusst nur wenig Obst verwendet.

Bleibt an dieser Stelle die Frage:
Welche Art von Zucker soll man verwenden?

Sicher ist eines: auf keinen Fall die sogenannten Süßstoffe. Sie sind noch schädlicher als Zucker, besonders Aspartam, das unter anderem Verhaltensstörungen, Hirnschäden und Gewichtszunahme verursachen kann. So haben zum Beispiel hyperaktive Kinder generell eine Süßstoff-Allergie. Künstliche Süßstoffe haben keinen Platz in einer gesunden Diät. Ideal wären Stevia und wenig Honig oder Vollrohrzucker.

In der Ernährungslehre hat sich in den letzten dreißig Jahren sehr viel verändert. In den 1980er Jahren gab es in Bezug auf Fett eine unumstößliche Meinung: Nur hoch ungesättigte Fettsäuren, wie sie in Distelöl, Sonnenblumenöl und Nussölen vorkommen, sind gesund. Butter und Olivenöl dagegen sind unbedingt zu meiden. Schon damals zweifelte ich diese Theorie an. Wäre Olivenöl ungesund, dann wären die Bewohner der Mittelmeerländer schon längst ausgestorben.

Heute ist das große Ziel der Ernährungslehre, dass man möglichst viel Omega-3-Fettsäuren zu sich nehmen sollte (in Fisch und Rapsöl enthalten) und den Konsum von Omega-6-Fettsäuren (Nuss- und Kernöle, also Sonnenblumenöl, Distelöl usw.) gering hält. Omega-3-Fettsäuren wirken entzündungshemmend und können auch über Kapseln – in Form von Krillöl und Fischöl – eingenommen werden. Für Vegetarier kommen am ehesten Leinöl und Leinölkapseln als Omega-3-Fettsäuren-Lieferant infrage. Als tägliche Dosis von Leinöl ist eine Menge von 1–2 Teelöffeln empfehlenswert, beispielsweise im Müsli oder in der Salatsauce.

Neueste Studien beweisen, dass Fette oder Öle nicht gesundheitsschädlich sind, also auch nicht dick machen, sondern dass sie sich im Gegenteil positiv auf die Gesundheit auswirken – unter der Voraussetzung, dass man die richtigen, das heißt gesunde Fette verwendet. Diese sind:

Milchfett und Butter[5]

Butter besteht aus 82 Prozent Fett und maximal 16 Prozent Wasser. Sie enthält mehr als 400 verschiedene Fettsäuren. Gut 50 Prozent davon entfallen auf gesättigte Fettsäuren. Die meisten davon sind kurz- und mittelkettig, was sie leicht verdaulich und gut bekömmlich macht. Die verschiedenen Fettsäuren haben daneben aber auch noch andere positive Eigenschaften: Sie wirken antibakteriell und antiviral, und einige sollen sogar gefäßschützende und krebshemmende Eigenschaften haben und sich positiv auf die Reduzierung des Körperfetts auswirken.

Nüsse und Nussöle

Als Fett- und Kalorienbomben sind sie in den vergangenen Jahren in Verruf geraten. Nach vielen Studien weiß man nun, dass sie mit ihren vielen positiven Eigenschaften unbedingt ganz oben in die Kategorie der täglich zu genießenden Lebensmittel gehören. Dabei ist es egal, welche Nuss man bevorzugt: Mandeln, Haselnüsse (weniger geeignet für Allergiker), Walnüsse, Pistazien – sie alle gehören zu den herzschützenden Lebensmitteln und sind zudem wichtige Eiweißlieferanten.

Leinöl

Hoch geschätzt wird der Lein nicht nur als Leinöl, sondern auch als Leinsamen mit seinen verdauungsfördernden Eigenschaften. Das Leinöl zeichnet sich durch einen extrem hohen Gehalt an alpha-Linolensäure aus. Mehr als die

Hälfte der in Leinöl enthaltenen Fettsäuren entfallen auf die Omega-3-Fettsäuren.

Besonders bekannt wurde das Leinöl durch das »Budwig Müsli«, das aus Magerquark mit 2 EL Leinöl und etwas Honig besteht.

Aufgrund seines intensiven Geschmacks ist Leinöl allerdings nicht jedermanns Sache. Es lässt sich jedoch gut mit anderen Ölen mischen, besonders geeignet als Salatöl: ⅓ Leinöl, ⅓ Olivenöl, ⅓ Rapsöl – die perfekte Mischung mit allen wichtigen Fettsäuren.

Wichtig zu wissen: Leinöl sollte nicht erhitzt werden, und es muss im Kühlschrank in einer dunklen Flasche aufbewahrt werden.

Kokosfett und Kokosöl

Kokosnüsse liefern ein klares Öl mit einem typischen, milden Kokosgeschmack. Bei unseren Temperaturen wird es fest und ist im Reformhaus auch erhältlich als ungehärtetes Kokosfett (im Gegensatz zum gehärteten Kokosfett aus dem Supermarkt).

Die mengenmäßig bedeutendste gesättigte Fettsäure im Kokosfett ist die Laurinsäure. Ihr werden antibakterielle und antivirale Eigenschaften zugesprochen.

Die Fettsäuren im Kokosfett sind leichter verdaulich als andere Fette. Es ist zudem hitzestabil und eignet sich daher gut zum Braten, Backen und Frittieren.

5 Ausführlichere Informationen dazu im bereits erwähnten Buch »Mehr Fett« von Ulrike Gonder und Dr. Nicolai Worm.

»Low carb« gegen »low fat« – wenig Kohlenhydrate gegen wenig Fett

Seit den 1950er Jahren herrscht geradezu eine Fett-Phobie, Fett wird als *der* Dickmacher schlechthin verteufelt. So nahm der Fettanteil in unserer Ernährung in den letzten Jahrzehnten stetig ab, sowohl bei uns als auch zum Beispiel in den USA. Zwischen 1971 und 2000 ging er von über 42 Prozent auf 33 Prozent zurück. Doch wurde die Bevölkerung in dieser Zeit schlanker? Nein, im Gegenteil – der Anteil übergewichtiger Menschen nimmt seit Jahren dramatisch zu. Die Erklärung für diesen scheinbaren Widerspruch liegt auf der Hand: In diesem Zeitraum steigerten die Amerikaner – wie von der Gesundheitsbehörde empfohlen – den Kohlenhydratanteil ihrer Mahlzeiten auf über 50 Prozent. Was man also an den satt machenden Fetten einsparte, wurde mit den Kohlenhydraten überkompensiert.

Im Frühjahr 2009 wurde das Ergebnis der EPIC-Studie veröffentlicht, einer Langzeitstudie, die den Einfluss der Ernährung auf die Entstehung von Krebs und chronischen Krankheiten untersuchte. Für diese Studie wurden über eine halbe Millionen Menschen aus zehn europäischen Ländern mehrere Jahre lang untersucht, auch im Hinblick darauf, wie sich das Körpergewicht in Abhängigkeit von der Art und Menge der verzehrten Fette verändert. Das Ergebnis: *Es besteht absolut kein Zusammenhang zwischen der Menge oder Art des aufgenommenen Nahrungsfetts und der Entwicklung des Körpergewichts.*

In den letzten zehn Jahren gab es eine Reihe von wissenschaftlichen Studien, die die bekanntesten Diäten miteinander verglichen. Eine dieser Studien war diejenige der amerikanischen Stanford Universität, die sogenannte »A to Z Weight Loss Study«, die vier der bekanntesten Diäten untersucht hat. Ihre Resultate wurden 2007 im Journal of the American Medical Association (Journal der Amerikanischen Ärztegesellschaft) publiziert. Hier die wichtigsten Kriterien der einzelnen Diäten in Kürze:

1. Die Atkins-Diät (wenig Kohlenhydrate): Die tägliche Zufuhr von Kohlenhydraten soll während der ersten 2–3 Monate bis zu 20 g pro Tag betragen, in den folgenden Monaten 50 g. Eiweiß und Fett nach Wunsch.
2. Die LEARN-Diät (Lifestyle, Exercise, Attitudes, Relationships and Nutrition), eine traditionelle fettarme und kohlenhydratreiche Diät: reduzierte Kalorien, Kohlenhydrate 55–60 Prozent der Gesamtnahrungsmenge, Fett weniger als 30 Prozent und gesättigte Fette weniger als 10 Prozent. Es wird zu regelmäßigem Sport geraten.
3. Die Ornish-Diät (wenig Fett): Der tägliche Fettanteil der Nahrung soll weniger als 10 Prozent betragen. Die Teilnehmer der Diät meditieren und betreiben regelmäßig Sport.
4. Die Zone-Diät (ungesättigte Fettsäuren, komplexe Kohlenhydrate): 30 Prozent der aufgenommenen Kalorien stammen von Fett, 40 Prozent von Kohlenhydraten und 30 Prozent von Eiweiß.

Die Stanford-Studie widerlegte damit die bestehende Befürchtung, dass diese sogenannten »low carb – high fat«-Diäten (wenig Kohlenhydrate, viel Fett) einen negativen Effekt auf

Die Resultate der einzelnen Diäten bezüglich Gewichtsreduktion und Herz-Kreislauf-Risikofaktoren nach einem Jahr:

		Blutfettwerte in %			
Diät	**Gewichts-verlust** in kg	**LDL Cholesterin** (»schlechtes Cholesterin«)	**Triglyceride (Fett)**	**HDL Cholesterin** (»gutes Cholesterin«)	**Blutdruck** (Diastole)
Atkins	– 4,5	+ 0,8	– 29,3	+ 4,9	– 4,4
LEARN-Diät	– 2,5	+ 0,6	– 14,6	– 2,8	– 2,2
Ornish-Diät	– 2,4	– 3,8	– 14,9	0	– 0,7
Zone-Diät	– 1,5	0	– 4,2	+ 2,2	– 2,1

das Herz-Kreislauf-System haben könnten. Die letzten Erhebungen haben gezeigt, dass sich die Werte von Triglyceriden, Cholesterin, Blutdruck und Insulinresistenz kaum änderten oder sich sogar bei Diäten mit sehr geringem Kohlenhydratkonsum signifikant verbesserten[6].

Dass der Gewichtsverlust bei allen vier Diäten nach einem Jahr relativ gering ist, sei der Tatsache zuzuschreiben, dass der Gewichtsverlust nach einem halben Jahr größer war, sich aber gegen Ende der Testzeit wieder verkleinerte, da alle Testteilnehmer ihren Kohlenhydratkonsum nach und nach wieder vergrößerten.

Auch die in der Schweiz und in Deutschland erfolgreichsten Diäten, Glyx-Diät, Metabolic Balance und Logi-Diät, sind Diäten, die auf einer kohlenhydratreduzierten und eiweißerhöhten Ernährung fußen.

6 Aus: Gary Taubes, Why we get fat.

Was Sie immer zu Hause vorrätig haben sollten

Generell gilt: Kaufen Sie möglichst Bioprodukte ein. Das kommt nicht nur Ihrer Gesundheit zugute, sondern Sie unterstützen damit auch einen ökologisch wertvollen Landbau und eine artgerechte Tierhaltung. Die kommenden Generationen werden es Ihnen danken.

Brot

Roggen-Sauerteigbrot für den sofortigen Gebrauch oder Pumpernickel für den Vorrat. Am Wochenende darf es ruhig mal ein Croissant (Gipfeli) oder Zopf sein – außer wenn Sie wirklich ganz streng abnehmen möchten.

Milchprodukte

Hartkäse, Frischkäse, Quark, Joghurt (nur nature!), alles in Bioqualität. Käse darf auch einmal aus Nicht-Bioproduktion stammen.

Teigwaren

Möglichst Soja-Vollkornteigwaren wählen. Sie haben den niedrigsten Glykämischen Index und schmecken wie normale weiße Teigwaren.

Reis

Vollkornreis oder Parboiled Reis haben den niedrigsten Glykämischen Index.

Gemüse

Möglichst frisch und möglichst immer in Bioqualität. Es darf zur Abwechslung auch einmal aus der Tiefkühltruhe kommen. Besonders lang halten sich im Kühlschrank Wurzelgemüse, aber auch Zucchini, Paprika, Gurken und Radieschen bleiben eine Woche lang frisch.

Tofu, Seitan & Co.

Das Angebot an Produkten aus pflanzlichem Eiweiß ist heute so groß wie noch nie: Tofu nature, Tofu geräuchert, mariniert, mit Sprossen, Sticks, Spieße, Tofuwürstchen und Tofuaufschnitt. Seitan (Getreide-Eiweiß) aus Weizen und Dinkel, nature oder gewürzt mit indischen Gewürzen, Sojagehacktes und -geschnetzeltes.

Was immer Sie wählen, es bereichert den vegetarischen Speisezettel mit feinen, gut schmeckenden Eiweißgerichten. Allerdings sollten Mädchen, Jungen und Männer Tofu- und Sojagerichte möglichst selten essen, da diese pflanzliche Östrogene enthalten. Vorsicht auch bei Milchallergikern; sie können, wenn sie zuviel davon essen, auch auf Sojaprodukte allergisch reagieren.

Konserven

Geschälte Tomaten (Pelati) aus dem Reformhaus, Oliven, Bio-Essiggurken

Öl und Fett

Generell: Kokosfett zum Braten, Olivenöl zum sanften Dünsten oder für Salatsaucen
Ölmischung für Salat: ⅓ Leinöl, ⅓ Olivenöl, ⅓ Rapsöl
Es gibt auch viele wunderbare kalt gepresste Nussöle. Ausprobieren lohnt sich!

Essig

Es gibt sehr viele feine Essigsorten. Abwechslung ist angesagt.

Wie wir in den vorherigen Ausführungen gesehen haben, geht es beim Abnehmen vor allem darum, den Kohlenhydratkonsum drastisch zu reduzieren. Das ist bei Vegetariern besonders schwierig, da sie sich hauptsächlich von Nahrungsmitteln ernähren, die viele Kohlenhydrate enthalten. Die Rezepte und Menüvorschläge in diesem Buch berücksichtigen diese Vorgaben. Sie sind so entwickelt, dass sie problemlos im Alltag zuzubereiten sind. Diejenigen Kohlenhydrate, die verwendet werden, sollten eine möglichst niedrige Glykämische Last haben. (Siehe Liste Glykämische Last, Seite 18.)

Es gibt drei Grundregeln, die einzuhalten sind, damit wir möglichst wenig Kohlenhydrate zu uns nehmen:

Regel 1:
Zum Mittagessen keine Kohlenhydrate!

Dies ist die wichtigste Regel überhaupt, auch für Nicht-Vegetarier. Sie hat weitreichende Folgen:

- Wir geben der Bauchspeicheldrüse eine Pause, in der sie wenig Insulin ausschütten muss.
- Wir sind nach dem Mittagessen und den ganzen Nachmittag über fit und erleiden keinen Energieeinbruch, da der Blutzuckerspiegel nicht rauf- und wieder runtergeht, sondern relativ konstant bleibt.
- Wir nehmen eine wichtige Eiweißmahlzeit ein. Viele Vegetarier leiden unter Eiweißmangel, was den gesamten Stoffwechsel negativ beeinflusst. Vergessen Sie nicht: Alle unsere Zellen, Hormone und Enzyme werden aus Eiweiß gebildet.

Regel 2:
Essen Sie nur ein Mal am Tag Kohlenhydrate: entweder zum Frühstück oder zum Nachtessen.

Wenn Sie ein Morgenmensch sind, dann freuen Sie sich schon beim Aufstehen auf ein gutes Frühstück. Essen Sie, was immer Ihr Herz begehrt, ganz nach der Devise: So wie wir den Tag anfangen, so wird er sein! Versuchen Sie, nur am Wochenende Weißbrot zu essen, sonst eher Brot mit einer niedrigen Glykämischen Last, also Pumpernickel oder Roggenbrot. Dazu essen Sie, was immer Sie wollen: Käse, Eier, Butter und eventuell ganz wenig Konfitüre. Essen Sie genug, sodass Sie bis mittags keinen Hunger mehr haben. Für den Rest des Tages gibt es dann keine Kohlenhydrate mehr, außer vielleicht eine Frucht am Nachmittag.

Sind Sie eher der Teigwaren-Kartoffel-Typ, dann verzichten Sie zum Frühstück auf Kohlenhydrate und essen stattdessen zum Beispiel ein Rührei mit etwas Gemüse oder Quark mit Nüssen. Am Nachmittag, so um sechzehn Uhr, gibt es dann eine Frucht und abends Gemüse mit einer Kohlenhydratbeilage mit einer niedrigen Glykämischen Last.

Regel 3:
Essen Sie möglichst keine Zwischenmahlzeiten, auch keine Kaugummis oder Bonbons!

Auch Kaugummi und Bonbons beeinflussen die Insulinausschüttung. Außerdem haben sie eine ständige Bildung von Magensäure zur Folge, was mit der Zeit zu Reizungen der Magenschleimhaut führen kann. Falls Sie unter starkem

Hyperinsulinismus (chronisch tiefer Blutzucker mit Müdigkeitsanfällen) leiden, ist es wahrscheinlich notwendig, im Laufe des Nachmittags den Zuckerspiegel wieder etwas in die Höhe zu bringen, indem Sie eine Frucht essen.

Menüvorschläge

Nachfolgend ein paar Vorschläge mit Gerichten für einen nur einmaligen Verzehr von Kohlenhydraten pro Tag:

Frühstück

Kohlenhydrat-Frühstück

- Brot (möglichst Pumpernickel oder Roggen-Vollkornbrot oder Kleiebrot) mit Butter und Käse oder mit 2 Eiern (z. B. Rührei), evtl. mit Cherrytomaten
- Quarkmüsli mit Früchten und Nüssen
- Hüttenkäse mit Beeren
- Kleie-Vollkornbrot mit Butter und wenig Konfitüre sowie 1 Frucht
- Porridge

Eiweiß-Frühstück

- 2 Rühreier, 1 Scheibe Käse, 1 Tomate oder anderes Gemüse
- Quark mit Nüssen
- Gemüse-Tortilla (siehe Rezept Seite 90)
- ½ Avocado, 1 Scheibe Käse, 1 Tomate, ein paar Nüsse

Mittagessen

Das Mittagessen ist immer eine Eiweiß-Mahlzeit!

- Amerikanischer Kohlsalat mit Ei (Seite 42)
- Chicorée-Apfel-Salat mit Käse (Seite 38)
- Salatteller mit Kürbiskernquark (Seite 44)
- Gemüse-Omelette mit Zucchini und Paprika (Seite 88)
- Gegrillter Spargel mit Ziegenkäsle (Seite 95)
- Bohnensalat mit Feta (Seite 38)
- Rot-weißer Chicoréesalat mit Gorgonzola (Seite 40)
- Griechischer Salat (Seite 42) mit Rührei; Baskisches Rührei (Seite 86)
- Kürbis-Lauch-Frittata (Seite 88)
- Omeletten mit Lauch und Chicorée (Seite 92)

Abendessen

Mit Kohlenhydraten (falls Sie ein Eiweiß-Frühstück gegessen haben)	Ohne Kohlenhydrate (falls Sie ein Kohlenhydrat-Frühstück gegessen haben)
• Spargel mit Kartoffeln und Kräutersauce (Seite 81)	• Salat oder Gemüsesuppe (Seite 54) Gemüse-Tortilla (Seite 90)
• Nasi Goreng (gebratener Reis mit Gemüse und Ei) (Seite 114)	• Safran-Chicorée-Süppchen (Seite 52) Käseplatte mit Nüssen und Tomaten
• Salat oder Gemüsesuppe (z.B. Seite 54) Maisküchlein mit Steinpilzsauce (Seite 137)	• Orientalisches Gemüse mit Tofu (Seite 102)
• Salat nach Belieben Lasagne mit Broccoli-Ricotta-Füllung (Seite 123)	• Salatteller nach Belieben Baskisches Rührei (Seite 86)
• Auberginen-Tomaten-Ragout mit Polenta (Seite 64)	• Provenzalischer Zucchini-Spinat-Gratin (Seite 81)
• Nudeln mit chinesischem Gemüse (Seite 124)	• Salatteller mit Kürbiskernquark (Seite 44)
• Kleiner Salat oder Gemüsesuppe Hirsegnocchi mit Kohlrabi und Kerbelrahm (Seite 134)	• Auberginen alla parmigiana (Seite 62)
• Kleiner Rohkostteller nach Belieben Linsen-Reis-Kedgeree (Seite 117)	• Kleiner Salat oder Gemüsesuppe Gefüllte Soufflé-Tomaten (Seite 77)
• Salat oder Gemüsesuppe Kartoffel-Gemüse-Küchlein (Seite 108)	• Salatteller Gemüseflan mit Kräutern (Seite 70)
• Gemüsequiche (Seite 74)	• Gratinierter Chicorée mit geräuchertem Mozzarella (Seite 68)
• Gratinierte Spiralnudeln mit Bohnen und Broccoli an Knoblauchsauce (Seite 112)	• Käseplatte mit griechischem Fenchel (Seite 56)
• Salatteller mit Lauchbrötchen (Seite 70)	• Salat mit Nuss-Hackbraten (Seite 76) = K
• Zucchini-Tomaten-Quiche mit Ziegenfrischkäse (Seite 84)	• Salatteller Paprika mit Steinpilzfüllung (Seite 79)
• Sauerkrautgratin mit Kartoffeln (Seite 79)	• Spargel mit Rührei (Seite 84)
• Curryreis mit gedämpftem Chicorée und Joghurtsauce (Seite 116)	• Spinat mit Ziger oder Ricotta (Seite 82)
	• Omeletten mit Pilz-Lauch-Füllung (Seite 92)

Im Rezeptteil finden Sie diese und viele weitere Rezepte, die Sie nach obigen Prinzipien ganz nach Gusto selbst zusammenstellen können.

- Die mit K gekennzeichneten Rezepte enthalten Kohlenhydrate,
- die mit N bezeichneten sind neutral und können beliebig zum Beispiel mit Kohlenhydraten oder Eiweiß kombiniert werden, und
- die mit E bezeichneten enthalten Eiweiß ohne Kohlenhydrate. Hier gibt es viele Gemüsegerichte mit Ei oder Käse kombiniert, die eine ganze, vollwertige Mahlzeit darstellen.

Desserts

Es versteht sich von selbst, dass möglichst wenig Süßigkeiten gegessen werden sollten. Die Dessertrezepte enthalten alle nur ein Minimum an Kohlenhydraten, sodass sie ebenso wie ersatzweise wenig schwarze Schokolade abends zum Dessert gegessen werden können. Aber nicht täglich, sondern möglichst nur ausnahmsweise!

Vegetarier haben oft einen Eiweißmangel

Die hier aufgestellte Ernährungsregel, nur einmal am Tag Kohlenhydrate zu essen, gewährleistet, dass Sie mit den beiden übrigen Mahlzeiten automatisch genügend Eiweiß zu sich nehmen.

Der tägliche Eiweißbedarf beträgt ungefähr:
- für Kinder: 0,9 g des Körpergewichts (pro Kilogramm Körpergewicht)
- für Frauen: ca. 40–60 g
- für Männer: ca. 80–100 g

Die folgende Liste zeigt Ihnen, wie Sie als Vegetarier Ihren Eiweißbedarf decken können:

Eiweißgehalt von Lebensmitteln pro 100 g

(Angaben in g)

Eier

1 ganzes Ei	6,4

Käse

Viertelfettkäse	37,0
Halbfettkäse	35,4
Vollfettkäse (z. B. Emmentaler)	27,0
Camembert	19,0
Doppelrahmfrischkäse (z. B. Gala)	14,6
Hüttenkäse	15,4
Rahmquark	10,5
Magerquark	14,6

Sojaprodukte

Sojamehl	45
Sojabohnen	35
Quorn (Pilzeiweiß)	12
Tofu	13
Seitan (Weizen- oder Dinkeleiweiß)	21
Cornatur (Soja plus Weizeneiweiß)	17
Sojabohnensprossen	4

Nüsse

Erdnüsse	26,4
Mandeln	18,3
Haselnüsse, Walnüsse	14,4
Kokosnuss	3,9

Getreide

Weizenkeime	26,6
Sojateigwaren	16,0
Haferflocken	12,5
Eierteigwaren	12,3
Weizenvollkornmehl	11,2
Hirse, geschält	9,8
Weizengrieß	9,6
Buchweizen	9,1
Maismehl	8,3
Vollreis	7,2
Weizenvollkornbrot	7,0
Reis, geschält, poliert	2,0

Gemüse, Hülsenfrüchte

Leinsamen	24,4
Linsen	23,5
Kichererbsen	19,8
Erbsen grün, frisch	6,6
Broccoli	3,3
Kartoffeln	2

Crostini mit Erbsen, Ricotta und Salat (K)

100 g Tiefkühlerbsen
Salz, Pfeffer aus der Mühle
2 kleine Scheiben Körnerbrot
Olivenöl
150 g Ricotta
250 g frische Salatblätter nach Belieben

Sauce:
Olivenöl
Balsamicoessig
etwas frisch gehackter Knoblauch nach Belieben
Salz, Pfeffer aus der Mühle
frische, gehackte Kräuter

1 Die Tiefkühlerbsen in wenig Salzwasser kurz weich kochen. Abgießen und abtropfen lassen. Einige Erbsen für die Garnitur beiseitelegen, die restlichen Erbsen im Cutter pürieren und mit Salz und Pfeffer leicht würzen.
2 Die Brotscheiben toasten und auf einen Teller legen. Mit etwas Olivenöl beträufeln und mit dem Ricotta bestreichen. Das Erbsenpüree darauf verteilen und mit den ganzen Erbsen bestreuen.
3 Die Salatblätter waschen, trocken schütteln und um die Crostini legen. Aus Olivenöl, Balsamico, eventuell etwas Knoblauch, Salz und Pfeffer eine Sauce rühren und über den Salat träufeln. Mit gehackten Kräutern bestreuen.

Varianten: Statt Erbsenpüree ein Püree aus Tomaten oder roten Paprika (fertig im Reformhaus erhältlich) verwenden. Getrocknete, in Olivenöl eingelegte Tomaten aus dem Glas, in kleine Würfel geschnitten, passen ebenfalls wunderbar dazu.

Bagna cauda, Italienisches Gemüsefondue (N)

Diverse Gemüse und Salate (z. B. Karotten, Kohlrabi, Staudensellerie, Fenchel, Paprika, Radicchio, Chicorée)

Sauce:
2 getrocknete Steinpilze
1 Knoblauchzehe
2 EL Olivenöl
1 EL Butter
1 EL Doppelrahm (Crème double)

1 Das Gemüse putzen, waschen bzw. schälen und in möglichst lange, dicke Stifte oder in Stücke schneiden.
2 Für die Sauce die Steinpilze 5 Minuten in Wasser einweichen, dann leicht ausdrücken und fein hacken. Die Knoblauchzehe pressen. In einem kleinen Pfännchen das Olivenöl und die Butter leicht erwärmen, den Knoblauch und die gehackten Steinpilze bei schwacher Hitze etwa 5 Minuten dünsten. Anschließend den Doppelrahm zugeben und gut vermischen.
3 Die Sauce auf einem Rechaud warm halten. Die Gemüsestifte werden bei Tisch in die Sauce getunkt und gegessen.

Tipp: Diese Vorspeise ergibt zusammen mit knusprigem Vollkornbrot und etwas Käse ein schnell zubereitetes Abendessen.

Crudités mit Gemüsedip (N)

Staudensellerie, Karotten, Gurken, Zucchini, Radieschen

Gemüsedip:

½ kleine Zwiebel
5 Radieschen
⅓ Salatgurke
1 Karotte
1 EL fein geschnittener Schnittlauch
1 Becher Hüttenkäse
Salz, Pfeffer aus der Mühle, Zitronensaft, wenig Tamari (japanische Sojasauce)

1 Das Gemüse putzen, waschen bzw. schälen und in circa 10 cm lange Stifte schneiden. Die Radieschen ganz lassen.
2 Für den Dip die Zwiebel schälen, die Radieschen putzen, Salatgurke und Karotte schälen. Alle diese Zutaten im Cutter pürieren. Anschließend Schnittlauch und Hüttenkäse zufügen und den Dip mit Salz, Pfeffer, Zitronensaft und Tamari abschmecken.

Gemüsecarpaccio (N)

Rettich, Zucchini, Fenchel, Tomaten
4 Radieschen
einige Basilikumblätter

Sauce:

Saft von ½ Limette
2 EL kalt gepresstes Olivenöl
Salz
1 EL grob gehobelter Parmesan
schwarzer Pfeffer aus der Mühle

1 Rettich, Zucchini, Fenchel und Tomaten putzen, waschen bzw. schälen und in sehr feine Scheiben schneiden. Rosettenartig auf Tellern anrichten.
2 Die Radieschen klein würfeln, Basilikum in feine Streifen schneiden. Radieschenwürfel und Basilikum über das Gemüse streuen.
3 Für die Sauce den Limettensaft mit Olivenöl und Salz vermischen und über das Gemüse träufeln. Das Gemüse mit dem grob gehobelten Parmesan und schwarzem Pfeffer bestreuen.

Kerbelmousse auf Radieschen *(E)*

Kerbelmousse:
1 Bund Kerbel
150 g Rahmquark (Sahnequark) oder Frischkäse
Salz, Pfeffer aus der Mühle

1 Bund Radieschen
einige Salatblätter
2 EL Nussöl oder Olivenöl extra vergine
2 TL Sherryessig
Kräutersalz oder Salz und Pfeffer aus der Mühle
Kerbelblättchen nach Belieben zum Garnieren

1 Den Kerbel fein hacken. Den Quark oder Frischkäse mit dem Kerbel vermischen. Mit Salz und Pfeffer abschmecken und kalt stellen.
2 Die Radieschen putzen und in Scheiben schneiden. Die Salatblätter waschen und trocken schütteln. Einen Teller mit Salatblättern und Radieschen auslegen. Öl, Essig, Kräutersalz bzw. Salz und Pfeffer verrühren und über Salatblätter und Radieschen träufeln.
3 Mit einem Eisportionierer oder mit zwei Esslöffeln Kugeln oder Nocken von der Kerbelmousse abstechen und auf den Radieschen anrichten. Nach Belieben mit Kerbelblättchen garnieren.

Serbischer Gemüsekaviar *(N)*

200 g Auberginen
200 g grüne oder rote Paprikaschoten

Marinade:
1 Knoblauchzehe
1 EL Zitronensaft
2 EL Olivenöl
1 TL fein gehackte Petersilie
Salz, viel schwarzer Pfeffer aus der Mühle

1 Die Auberginen vom Stielansatz befreien. Die Paprikaschoten entkernen, aber ganz lassen. Beides auf ein mit Backpapier ausgelegtes Backblech legen und unter dem Grill circa 30 Minuten grillen, bis die Haut schwarz wird und Blasen bildet; dabei etwa alle 10 Minuten wenden. Leicht abkühlen lassen, dann das Fruchtfleisch der Auberginen aus der Schale schaben und fein hacken. Die Haut der Paprikaschoten abziehen und das Fruchtfleisch ebenfalls fein hacken.
2 Für die Marinade den Knoblauch pressen. Dann alle Zutaten zur Marinade verrühren. Die Auberginen- und Paprikawürfelchen mit der Marinade vermengen. Dazu passt Weißbrot.

Bohnensalat mit Feta *(E)*

200–300 g grüne oder gelbe Bohnen

Salatsauce:
½ Knoblauchzehe
1 TL scharfer Senf (Dijon- oder Meerrettichsenf)
fein gehacktes Bohnenkraut
1 EL Kräuteressig oder Zitronensaft
2 EL Olivenöl
½ TL Salz, schwarzer Pfeffer aus der Mühle

½ Scheibe Feta-Käse
einige grüne oder weiße Spargelstangen nach Belieben
1 Frühlingszwiebel nach Belieben
fein gehackte Petersilie

1 Die Bohnen waschen, falls nötig entfädeln und über Dampf weich kochen. Anschließend leicht abkühlen lassen.
2 Für die Salatsauce den Knoblauch pressen. Anschließend Senf, Bohnenkraut, Knoblauch, Essig bzw. Zitronensaft und Olivenöl miteinander verrühren und kräftig mit Salz und Pfeffer abschmecken.
3 Den Feta in sehr feine Würfel schneiden und mit den lauwarmen Bohnen und der Salatsauce vermischen.
4 Falls verwendet, Spargel und Frühlingszwiebel putzen, weißen Spargel schälen. Den Spargel in Stücke, die Frühlingszwiebel in feine Scheiben schneiden und beides unter den Bohnensalat mischen. Mindestens 30 Minuten durchziehen lassen. Den Salat mit viel frisch gehackter Petersilie anrichten.

Chicorée-Apfel-Salat mit Käse *(E)*

2–3 Stauden Chicorée
1 kleiner Apfel
50 g Champignons
100 g Käse

Salatsauce:
1 TL Zitronensaft
2 EL Joghurt nature
1 EL Vollrahm (Sahne)
Salz, Pfeffer aus der Mühle
fein gehackte Kräuter nach Belieben

1 Den Strunk der Chicoréestauden entfernen und die Blätter in grobe oder feine Streifen schneiden. Den Apfel vierteln, entkernen und in Stücke schneiden. Die Champignons feucht abreiben und in feine Scheiben schneiden. Den Käse in Scheiben oder Stäbchen schneiden.
2 Aus Zitronensaft, Joghurt und Rahm eine Salatsauce rühren und mit Salz, Pfeffer und Kräutern nach Belieben abschmecken.
3 Die vorbereiteten Zutaten mit der Salatsauce vermischen und anrichten.

Bohnensalat mit Feta ▶

Rot-weißer Chicoréesalat mit Gorgonzola *(E)*

1 Staude weißer Chicorée
1 Staude roter Chicorée
1 Apfel
30 g Gorgonzola mit Mascarpone
1 EL frische, grob gehackte Kräuter (z. B. Schnittlauch, Kerbel, Estragon, Petersilie)

Salatsauce:
1 EL Apfelessig
1 EL kalt gepresstes Olivenöl
etwas Sauerrahm (saure Sahne)
Salz, Pfeffer aus der Mühle

1 Den Strunk der Chicoréestauden entfernen, den weißen Chicorée in grobe Stücke, den roten in feine Streifen schneiden. Den Apfel halbieren, entkernen und in grobe Streifen schneiden. Den Gorgonzola in grobe Stücke schneiden.
2 Die vorbereiteten Zutaten und die Kräuter vorsichtig miteinander vermischen und auf einen Teller geben.
3 Alle Zutaten für die Sauce zu einer sämigen Sauce mischen, mit Salz und Pfeffer abschmecken und über den Salat träufeln.

Bunter Kohlsalat *(N)*

Je 100 g Weiß- und Rotkohl (-kabis)
1 kleines Stück Knollensellerie
1 Kohlrabi
1 Karotte

Salatsauce:
1 EL Sojasauce
1 EL Weißweinessig
1 TL Honig
1 TL geröstetes Sesamöl
Salz

1 Alle Gemüse putzen, waschen bzw. schälen und auf einer Gemüsereibe grob raffeln.
2 Die Zutaten für die Salatsauce miteinander verrühren, über das Gemüse geben, gut vermischen und mindestens 10 Minuten ziehen lassen. Falls nötig etwas Wasser hinzufügen oder nachwürzen.

Amerikanischer Kohlsalat mit Ei (E)

200 g Weißkohl (Kabis)
1 große Karotte
¼ grüne Paprikaschote

Salatsauce:
2 EL Bifidus-Joghurt (möglichst Bio)
1 TL Zitronensaft
1 EL Olivenöl
etwas frisch gepresster Knoblauch nach Belieben
Salz, Pfeffer aus der Mühle

Zum Anrichten:
einige Salatblätter
1–2 hart gekochte Eier und etwas Mayonnaise nach Belieben

1 Den Weißkohl waschen und fein hobeln. Die Karotte schälen und fein raspeln. Die Paprikaschote aufschneiden, entkernen und in sehr dünne Streifchen schneiden.
2 Für die Sauce alle Zutaten miteinander verrühren. Die Sauce über die vorbereiteten Zutaten geben, alles gut miteinander vermischen und mindestens 10 Minuten ziehen lassen. Dann nochmals mit Salz und Pfeffer abschmecken.
3 Die Salatblätter waschen, trocken schütteln und einen Teller damit auslegen. Den Kohlsalat in die Mitte geben.
Die Eier schälen und vierteln. Den Kohlsalat mit den hart gekochten Eiern garnieren.

Tipp: Ganz besonders fein ist Spitzkabis. Auf dem Markt erhältlich.

Griechischer Salat (E)

2 Tomaten
½ grüne Paprikaschote
¼ Salatgurke
einige Lattichblätter
50 g Feta-Käse
½ Zwiebel nach Belieben

Salatsauce:
2 TL Zitronensaft
2 EL Olivenöl extra vergine
Oregano, frisch oder getrocknet
Salz, schwarzer Pfeffer aus der Mühle

1 Alle Salatzutaten waschen, von den Tomaten die Stielansätze entfernen, die Paprikaschote entkernen. Sämtliche Salatzutaten und den Feta grob würfeln. Falls verwendet, die Zwiebel in Ringe schneiden. Die vorbereiteten Zutaten miteinander mischen.
2 Für die Salatsauce Zitronensaft, Olivenöl und Oregano miteinander verrühren, mit Salz und Pfeffer abschmecken.
Die Marinade über den Salat geben und den Salat gut durchziehen lassen.

Salatteller mit Sesampilzen (N)

100 g Austernpilze oder Champignons oder andere Pilze
1 Frühlingszwiebel
1 TL Kokosfett
1 TL Sesamöl, wenn möglich geröstetes
1 TL geschälter Sesam
Salz, Pfeffer aus der Mühle
verschiedene Blattsalate

Salatsauce:
1 TL Apfelessig
1 EL Olivenöl
Salz

1 Die Pilze feucht abreiben und in Scheiben schneiden. Den weißen Teil der Frühlingszwiebel fein hacken, den grünen Teil in feine Ringe schneiden und beiseitestellen.
2 Kokosfett und Sesamöl in einer Pfanne erhitzen. Die Pilze und den weißen Teil der Frühlingszwiebel darin kurz und kräftig braten. Den Sesam zugeben, kurz mitbraten und alles mit Salz und Pfeffer abschmecken.
3 Die Salatblätter waschen, trocken schütteln und einen großen Teller damit auslegen. Aus Essig, Öl und Salz eine Salatsauce rühren und über die Salatblätter träufeln.
4 Die gebratenen Pilze und Frühlingszwiebeln in der Mitte des Salats anrichten und mit dem Grün der Frühlingszwiebeln bestreuen.

Salatteller mit Kürbiskernquark (E)

150 g Blattsalat
⅓ Salatgurke
4 Radieschen
3 EL Rahmquark (Sahnequark)
1 EL Kürbiskerne
Salz, Pfeffer aus der Mühle

Salatsauce:
1 EL Olivenöl
1 TL Sherryessig
1 TL frisch gehackter Dill
Kräuterhefesalz oder Kräutersalz

1 Die Salatblätter waschen, trocken schütteln und einen großen Teller damit auslegen. Die Gurke in Scheiben schneiden. Die Radieschen längs vierteln. Die Gurkenscheiben kreisförmig auf dem Salat anordnen und die Radieschenviertel hübsch darüber verteilen.
2 Den Quark mit den Kürbiskernen vermischen und mit Salz und Pfeffer abschmecken. In die Mitte des Salats geben.
3 Für die Salatsauce alle Zutaten mischen, eventuell mit ganz wenig Wasser verdünnen und über den Salat träufeln.

Tipps: Statt Quark Hüttenkäse verwenden.
Statt Kürbiskerne andere Kerne verwenden, eventuell auch geröstet.

Lauwarmer Linsensalat (K)

50 g grüne oder braune Linsen
1 Handvoll Champignons
1 kleine Zwiebel oder Schalotte
1 EL Olivenöl
1 TL Gemüsebouillonpulver
Salz, Pfeffer aus der Mühle
1 Handvoll Spinat oder Rucola
Essig, Olivenöl

1 Die Linsen in kochendem Wasser (ohne Salz!) weich kochen. Die grünen brauchen circa 8 Minuten, die braunen circa 16 Minuten. Anschließend abgießen und abtropfen lassen.

2 Die Champignons feucht abreiben und vierteln. Die Zwiebel oder Schalotte klein hacken. Das Olivenöl in einer Bratpfanne erhitzen. Champignons und Zwiebel bzw. Schalotte darin etwa 2 Minuten braten. Mit der Gemüsebouillon und eventuell etwas Salz würzen.

3 Die gekochten Linsen zufügen. Spinat oder Rucola zu der Champignon-Linsen-Mischung geben und kurz mitbraten.

4 Die Pfanne vom Herd nehmen und die Linsen-Gemüse-Mischung in eine Schüssel geben. Mit Essig, Olivenöl sowie Salz und Pfeffer abschmecken.

Tipp: Einen kleinen Ziegenfrischkäse oder eine Scheibe Ricotta oder etwas Hüttenkäse auf die Mitte des Salats geben und nochmals mit wenig Olivenöl beträufeln.

Kalte Gurkensuppe (N)

½ Salatgurke
200 g Joghurt nature
1 TL frisch gehackte Petersilie
1 TL frisch gehackter Dill
Salz, Pfeffer aus der Mühle
Dill oder Petersilie zum Garnieren

1 Die Salatgurke schälen und grob zerkleinern. Zusammen mit allen weiteren Zutaten im Mixer pürieren. Mindestens 10 Minuten ziehen lassen und erst dann nachwürzen.
2 Dazu passen kleine Gurkenwürfelchen, geröstete Brotwürfelchen oder klein gewürfelter Feta-Käse.

Schnelle Minestrone (N)

1 Zwiebel
1 Kartoffel
1 Karotte
½ rote oder grüne Paprikaschote
1 kleine Zucchini
1 kleine Stange Lauch
1 EL Olivenöl
200 ml Wasser

Pesto:
1 EL Tomatenpüree
1 EL Pesto (Fertigprodukt aus dem Reformhaus)
oder:
4 Knoblauchzehen
ein paar Basilikumblätter
1 EL Olivenöl
1 EL Pinienkerne
Salz, schwarzer Pfeffer aus der Mühle

1 Zwiebel, Kartoffel und Karotte schälen, die Paprikaschote entkernen. Sämtliches Gemüse inklusive der Zwiebel auf einer Röstiraffel grob raspeln.
2 Das Olivenöl erhitzen und das Gemüse darin anbraten, dann mit dem Wasser ablöschen und 15–20 Minuten köcheln lassen.
3 Für den Pesto das Tomatenpüree mit dem Fertigpesto vermischen. Für selbst gemachten Pesto Knoblauch, Basilikum, Olivenöl und Pinienkerne im Mixer oder Cutter pürieren.
4 Den Pesto in die Suppe geben, gut umrühren und Suppe mit Salz und Pfeffer kräftig abschmecken.

Tipp: Statt gewürfelt wird das Gemüse zeitsparend geraffelt. Schmeckt genauso gut wie die klassische Variante.

Schnelle Tomatencremesuppe (N)

1 Dose geschälte Tomaten (Bio, aus dem Reformhaus)
100 ml Gemüsebouillon
50 ml Vollrahm (Sahne)
Salz, Pfeffer aus der Mühle, Paprikapulver
½ Bund Schnittlauch oder Basilikum

1 Die Tomaten und die Gemüsebouillon mixen und in einem Topf zum Kochen bringen. Den Rahm beifügen, mit Salz, Pfeffer und Paprikapulver abschmecken.
2 Die Kräuter klein hacken und über die angerichtete Suppe streuen.

Tipp: Kann kalt oder warm gegessen werden. Eventuell kleine Gurkenwürfelchen zufügen.

Broccolisuppe (N)

150 g Broccoli
1 TL Butter
1 EL Vollkornmehl
100 g saurer Halbrahm oder nordische Sauermilch (Schwedenmilch)
1 TL Whisky
Salz, Pfeffer aus der Mühle

1 Den Broccoli in Röschen zerteilen und in etwa 300 ml Wasser weich kochen. Durch ein Sieb abgießen, den Kochsud dabei auffangen. Den Broccoli fein hacken oder mixen.
2 Die Butter erhitzen und das Mehl darin leicht anrösten, mit dem Broccoli-Kochsud ablöschen. Erst den Broccoli und anschließend Sauerrahm und Whisky zugeben. Mit Salz und Pfeffer abschmecken.

Kokossuppe mit Erbsen und Limetten (N)

- 1 Frühlingszwiebel
- 1 rote Peperoncini
- 1 EL Sesamöl oder Kokosfett
- 50 g Tiefkühlerbsen
- 50 g Tiefkühlkefen (Zuckerschoten) oder Spinatblätter oder Chinakohl
- 1 TL Currypulver
- 200 ml Gemüsebouillon
- 50 ml Kokosmilch
- 2 Limettenblätter oder Zitronenmelisse
- ½ unbehandelte Limette
- Salz, Pfeffer aus der Mühle

1 Den weißen und hellgrünen Teil der Frühlingszwiebel fein hacken, den dunkelgrünen Teil in feine Ringe schneiden. Die Peperoncini entkernen und in sehr feine Würfelchen schneiden.

2 Das Öl oder Fett erhitzen und darin Frühlingszwiebel, Peperoncini, Erbsen und Zuckerschoten bzw. Spinatblätter oder Chinakohl mit dem Currypulver andünsten. Alles mit Gemüsebouillon und Kokosmilch ablöschen. Limettenblätter oder Zitronenmelisse zugeben und das Ganze 5 Minuten leise köcheln lassen.

3 Die Limette heiß abwaschen, die Schale abreiben und den Saft auspressen. Die Suppe mit Limettenschale, -saft, Salz und Pfeffer abschmecken und servieren.

Sauerkrautsuppe (N)

Unbedingt ausprobieren, schmeckt fantastisch!

- ½ Zwiebel
- ½ süßer Apfel
- 1 EL Butter
- wenig edelsüßes Paprikapulver
- 100 g gekochtes Sauerkraut
- 200 ml Gemüsebouillon
- etwas Kümmel
- 1 Msp. getrockneter Thymian
- 50 g Doppelrahm (Crème double)
- Salz, Pfeffer aus der Mühle

1 Die Zwiebel fein hacken. Den Apfel schälen, entkernen und in kleine Würfelchen schneiden oder raffeln. Die Butter in einem Topf erhitzen und Zwiebel und Apfel darin andünsten. Mit Paprikapulver bestäuben, das Sauerkraut zugeben und alles mit der Gemüsebouillon ablöschen. Kümmel und Thymian im Mörser pulverisieren und hinzufügen. Alles etwa 30 Minuten köcheln lassen. Anschließend die Suppe nach Belieben kurz mixen.

2 Den Doppelrahm zugeben, die Suppe nach Bedarf mit etwas Gemüsebouillon verdünnen und mit Salz und Pfeffer abschmecken.

Safran-Chicorée-Süppchen (N)

1 Staude Chicorée
½ Zwiebel
1 EL Butter oder Kokosfett
200 ml Gemüsebouillon
1 Prise Safranpulver
weißer Pfeffer aus der Mühle
50 ml Vollrahm (Sahne), steif geschlagen, oder 2 EL Doppelrahm
ein paar Safranfäden
etwas frisch gehackter Schnittlauch

1 Den Strunk des Chicorées entfernen und die Blätter in Streifen schneiden. Die Zwiebel fein hacken. Das Fett erhitzen und die Zwiebel darin bei niedriger Temperatur weich dünsten. Die Chicoréestreifen zugeben und ebenfalls mitdünsten, mit der Gemüsebouillon ablöschen. 2 Minuten köcheln lassen. Anschließend alles mit dem Pürierstab oder im Mixer pürieren. Eventuell durch ein Sieb streichen. Mit Safranpulver und Pfeffer abschmecken.
2 Die Hälfte des steif geschlagenen Rahms (oder 1 EL Doppelrahm) in die Suppe rühren. Die Suppe nochmals aufkochen und in einen Suppenteller geben. Mit ein paar Safranfäden bestreuen. In die Mitte den restlichen Schlagrahm oder Doppelrahm geben und die Suppe mit Schnittlauch bestreut servieren.

Tipp: Die Suppe sieht schöner aus, wenn man sie durch ein Sieb streicht, schmeckt sonst aber intensiver.

Feines Kräutersüppchen (N)

Geht blitzschnell und schmeckt wunderbar!

1 kleine Zwiebel
1 EL Butter
1 EL Vollkornmehl
100 ml Wasser
1 TL Gemüsebouillonpulver
1 Eigelb
100 ml Halbrahm (fettreduzierte Sahne)
viele Kräuter, z. B. Schnittlauch, Petersilie, Kerbel, Sauerampfer
Salz, Pfeffer aus der Mühle

1 Die Zwiebel klein hacken. Die Butter erhitzen und das Mehl darin leicht anrösten. Die gehackte Zwiebel dazugeben und sofort mit dem Wasser ablöschen. Die Gemüsebouillon zufügen und alles circa 2 Minuten köcheln lassen, dann die Suppe vom Herd nehmen.
2 Das Eigelb mit dem Halbrahm verquirlen und in die Suppe einrühren. Die Kräuter klein hacken, zur Suppe geben und vor dem Servieren mit Salz und Pfeffer abschmecken.

Soupe au pistou, Gemüsesuppe mit Basilikum (K)

100 g grüne Bohnen
1 kleine Kartoffel
100 g Tomaten
1 kleine Zucchini
½ Stange Lauch
300 ml Wasser
1 TL Gemüsebouillonpulver
50 g weiße Bohnen, gekocht
30 g dicke Makkaroni
Salz, Pfeffer aus der Mühle

Pistou:

1 Knoblauchzehe
½ Bund Basilikum
2 EL frisch geriebener Parmesan
1 EL Olivenöl

1 Die grünen Bohnen bei Bedarf entfädeln und in 5 cm lange Stücke schneiden. Die Kartoffel schälen und in Würfel schneiden. Die Tomaten kreuzweise einritzen, mit kochendem Wasser überbrühen, häuten und in Würfel schneiden.
Die Zucchini in Scheiben, die Lauchstange in 2 cm lange Stücke schneiden. Das Wasser mit der Gemüsebouillon aufsetzen und das vorbereitete Gemüse darin weich kochen.
2 Die Makkaroni 5 Minuten in Salzwasser vorkochen. Dann zum Gemüse geben und mitkochen, bis auch sie weich sind. Die Suppe mit Salz und Pfeffer abschmecken.
3 Für den Pistou Knoblauch, Basilikum, Parmesan und Olivenöl im Mörser oder im Cutter pürieren.
4 Die Suppe in einen Teller füllen und in die Mitte etwas Pistou geben.

Wirz-Curry-Suppe (N)

200 g Wirz (Wirsing)
1 EL Butter oder Kokosfett
1 EL Grünkernschrot
1–2 TL Currypulver, je nach Schärfe
300 ml Wasser
1 TL Gemüsebouillonpulver
Salz, Pfeffer aus der Mühle
50 ml Vollrahm (Sahne) und 50 g Joghurt nature oder 100 g nordische Sauermilch (Schwedenmilch)
½ Bund Schnittlauch

1 Ein großes, schönes Wirzblatt beiseitelegen, den restlichen Wirz in grobe Stücke schneiden.
Die Butter oder das Kokosfett in einem großen Topf erhitzen und den Grünkernschrot darin so lange rösten, bis er duftet. Den geschnittenen Wirz in den Topf geben, das Currypulver darüberstreuen, gut verrühren und etwas andünsten, dann mit dem Wasser ablöschen. Die Gemüsebouillon zufügen, leicht salzen und zugedeckt 20 Minuten leise köcheln lassen.
2 In der Zwischenzeit das beiseitegelegte Wirzblatt in sehr feine Streifchen schneiden. Die Suppe mit dem Stabmixer pürieren, die Wirzstreifchen zugeben und kurz mitköcheln. Die Suppe pikant mit Salz und Pfeffer abschmecken.
3 Den Rahm steif schlagen und mit dem Naturjoghurt vermischen. Suppe in einen Teller geben und die Rahm-Joghurt-Mischung (oder die nordische Sauermilch) in die Mitte geben. Den Schnittlauch in feine Röllchen schneiden und über die Suppe streuen.

Laksa, Indonesische Currysuppe mit Ei (E)

½ kleine Zwiebel
1 Knoblauchzehe
1 kleine Karotte
ca. 10 cm Lauch
½ EL Kokosfett
1 gestrichener TL Currypulver
½ TL frisch geriebener Ingwer
200 ml Gemüsebouillon
100 ml Kokosmilch
Salz
etwas abgeriebene Zitronen- oder Limettenschale
1 Handvoll Glasnudeln
1 hart gekochtes Ei, geschält, geviertelt, zum Garnieren
1 TL fein gehackte Korianderblätter oder Petersilie

1 Zwiebel und Knoblauch hacken. Die Karotte schälen, halbieren und in sehr feine Scheiben schneiden. Den Lauch halbieren und in sehr feine Ringe schneiden. Das Kokosfett erhitzen, Zwiebel und Knoblauch darin anrösten, dann das Currypulver und den geriebenen Ingwer zugeben und ebenfalls leicht rösten. Karotte und Lauch beifügen und ebenfalls kurz mitrösten. Gemüsebouillon und Kokosmilch dazugießen und etwa 15 Minuten leise köcheln lassen. Mit Salz und Zitronen- bzw. Limettenschale abschmecken.
2 Die Glasnudeln mit heißem Wasser übergießen und quellen lassen. In ein Sieb gießen, kalt abspülen und in einen Suppenteller geben. Die heiße Suppe darübergießen, mit den Eivierteln garnieren und mit Koriander bzw. Petersilie bestreuen.

Eierblumen-Suppe (E)

200 ml Gemüsebouillon
½ Tomate
½ Frühlingszwiebel
1 Ei
Pfeffer aus der Mühle

1 Die Gemüsebouillon aufkochen. Den Stielansatz der Tomate entfernen, die Tomate entkernen und klein würfeln. Den weißen und hellgrünen Teil der Frühlingszwiebel fein hacken, den dunkelgrünen Teil in feine Ringe schneiden.
2 Die Tomate und die gehackte Frühlingszwiebel in die kochende Gemüsebouillon geben. Das Ei in einer kleinen Schüssel mit dem Schwingbesen aufschlagen, dann mit kreisenden Bewegungen in die kochende Brühe gießen, sodass es ausflockt. Mit einer Gabel umrühren.
Die Suppe mit Pfeffer abschmecken und die Frühlingszwiebelringe zugeben.

Griechischer Fenchel (N)

Ergibt 2–3 Portionen (siehe Tipps)

100 ml Olivenöl extra vergine
150 ml Weißwein oder Apfelwein (Cidre)
6 EL Zitronensaft
1 Thymianzweig
2 Lorbeerblätter
1 EL Korianderkörner
1 TL Pfefferkörner
ca. 1 TL Vollmeersalz
1 TL Akazienhonig
500 g Fenchel
2 Zwiebeln
1 Knoblauchzehe
2 EL grob gehackter Dill

1 Olivenöl, Wein oder Apfelwein und Zitronensaft mit den Kräutern, den Gewürzen und dem Honig aufkochen.
2 Den Fenchel putzen und in ½ cm dicke Scheiben schneiden. Das Fenchelgrün beiseitelegen. Die Zwiebeln längs in Streifen schneiden, den Knoblauch pressen. Fenchel, Zwiebeln und Knoblauch in den kochenden Gewürzsud geben und bissfest kochen. Anschließend in der Kochflüssigkeit erkalten lassen.
3 Das Fenchelgrün hacken. Das Fenchelgemüse mit dem Fenchelgrün und dem gehackten Dill anrichten.

Tipps: Schmeckt lauwarm wie kalt wunderbar.
Statt nur mit Fenchel kann auch eine Mischung von vielerlei Gemüse auf dieselbe Art und Weise gekocht werden.
Reste können im Kühlschrank aufbewahrt und dann als weitere Mahlzeit, zum Beispiel mit Käsewürfelchen, gegessen werden.

Finocchi al forno, Fenchel gratiniert (N)

300 g Fenchel
50 ml Weißwein
50 ml Gemüsebouillon
Salz, schwarzer Pfeffer aus der Mühle
2 EL frisch geriebener Parmesan
etwas abgeriebene Zitronenschale
2 EL Olivenöl
Butter für die Gratinform

1 Den Backofen auf 200 Grad vorheizen.
2 Den Fenchel putzen und in ½ cm dicke Scheiben schneiden. Das Fenchelgrün hacken und beiseitestellen. Die Fenchelscheiben über Dampf in wenigen Minuten knackig weich garen, dann in eine gut gebutterte Gratinform einschichten.
3 Mit Weißwein und Gemüsebouillon übergießen. Salzen und pfeffern, dann den Parmesan und die abgeriebene Zitronenschale darüberstreuen. Mit dem Olivenöl beträufeln. Im Backofen bei 200 Grad 20 Minuten überbacken.
Mit dem Fenchelgrün bestreut servieren.

Bunte Gemüseplatte mit Kürbiskernsauce (N)

300 g Gemüse, z. B. Kohlrabi, Fenchel, Karotten

Sauce:
2 EL Kürbiskerne
½ Knoblauchzehe
1 Eigelb
1 TL Zitronensaft
1 EL Olivenöl
2 EL Joghurt nature
Salz, Pfeffer aus der Mühle

1 Das Gemüse putzen, waschen bzw. schälen und in Stäbchen schneiden. Anschließend über Dampf garen.
2 Für die Sauce zuerst die Kürbiskerne im Cutter pulverisieren, dann mit den übrigen Saucenzutaten zu einer feinen Sauce mixen. Die Sauce zu den gegarten Gemüsestäbchen servieren.

Gegrilltes mariniertes Sommergemüse (N)

Aubergine
Zucchini
Paprikaschote
Öl

Marinade:
Olivenöl
Balsamicoessig
Salz, Pfeffer aus der Mühle
Kräuter nach Belieben, z. B. Basilikum, Petersilie, Oregano

1 Den Backofengrill vorheizen oder Grillpfanne benützen.
2 Aubergine und Zucchini in dünne Scheiben schneiden. Die Paprikaschote längs halbieren und entkernen. Die Gemüsescheiben beidseits mit Öl bepinseln und in der Grillpfanne oder unter dem Backofengrill braten. Die Paprika unter dem Grill ungefähr 20 Minuten rösten, bis die Haut sich schwarz verfärbt und Blasen wirft, dann häuten. Das Gemüse auf einer Platte anrichten.
3 Für die Marinade Olivenöl, Essig, Salz und Pfeffer vermischen, mit etwas Wasser verdünnen und über die Gemüse geben. Die Kräuter fein hacken und über das Gemüse verteilen.

Gegrillter Lauch mit Kräutervinaigrette (K)

1 mittelgroße Stange Lauch
Olivenöl
3 Cherrytomaten zum Garnieren
1 hart gekochtes Ei zum Garnieren

Vinaigrette:
wenig Dijonsenf
1 TL Balsamicoessig
1 TL fein gehackte glattblättrige Petersilie
1 TL fein gehackte Zwiebel
1 TL fein geschnittener Schnittlauch
2 EL Olivenöl oder Nussöl
Salz, schwarzer Pfeffer aus der Mühle

1 Den Backofengrill vorheizen.
2 Die Lauchstange längs halbieren und innen gut waschen. Anschließend circa 6 Minuten über Dampf garen. Auf Backpapier legen und mit etwas Olivenöl bepinseln. Unter dem Backofengrill leicht bräunen.
3 Für die Vinaigrette alle Zutaten verrühren und abschmecken.
4 Die Cherrytomaten klein würfeln. Das Ei schälen und hacken. Den Lauch auf einen Teller legen und mit der Vinaigrette beträufeln. Die Tomatenwürfelchen und das gehackte Ei darüberstreuen.
5 Dazu 2 kleine Salzkartoffeln servieren.

Italienisches Fenchelgemüse (N)

300 g Fenchel
1 EL Olivenöl
ein paar Tropfen Zitronensaft
Kräutersalz, Pfeffer aus der Mühle
Schnittlauch und Fenchelkraut zum Garnieren

1 Den Fenchel putzen und in Streifen schneiden. Die Fenchelstreifen über Dampf in wenigen Minuten knackig weich garen.
2 Das Olivenöl in einer großen Bratpfanne erhitzen und den gut abgetropften Fenchel darin kurz durchschwenken. Ein paar Tropfen Zitronensaft darübergeben und mit Kräutersalz sowie Pfeffer abschmecken. Mit gehacktem Schnittlauch und Fenchelkraut bestreuen.

Gemüse aus dem Ofen (N)

- 1 Staude Chicorée
- ½ kleine Zucchini
- 1 Fenchel
- 3–4 ganze Champignons
- 1 kleine Zwiebel
- 1 kleine Karotte
- 1 Tomate
- 50 ml Weißwein
- 50 ml Gemüsebouillon
- Salz, Pfeffer aus der Mühle
- 2 EL Olivenöl
- Butter für die Gratinform

Pesto:

- 1 EL Pesto (Fertigprodukt aus dem Reformhaus)

oder:

- 1 Knoblauchzehe
- ein paar Basilikum- und/oder Oreganoblätter
- 1 EL frisch geriebener Parmesan
- 1 EL Olivenöl
- 1 EL Pinienkerne

1 Den Backofen auf 200 Grad vorheizen.

2 Chicorée und Zucchini längs halbieren, den Fenchel in ½ cm dicke Scheiben schneiden. Die Champignons feucht abreiben. Zwiebel und Karotte schälen, die Zwiebel vierteln, die Karotte längs vierteln. Den Stielansatz der Tomate entfernen und die Tomate halbieren. Alles Gemüse über Dampf knackig garen, dann in eine gut gebutterte Gratinform geben. Mit Weißwein und Gemüsebouillon übergießen, mit Salz und Pfeffer würzen. Mit dem Olivenöl beträufeln. Das Gemüse mit dem Pesto bepinseln.
Für selbst hergestellten Pesto die Pestozutaten im Cutter oder im Mörser zu einer feinen Paste mischen und das Gemüse dann damit bepinseln. Im Backofen bei 200 Grad 20 Minuten überbacken.

Auberginen alla parmigiana (E)

- 300 g Auberginen
- Olivenöl
- Salz, schwarzer Pfeffer aus der Mühle
- 1 Mozzarella
- 1 Tomate
- 1 Knoblauchzehe
- etwas Basilikum oder Oregano
- 2 EL frisch geriebener Parmesan oder Gruyère
- Butter oder Öl für die Gratinform

1 Den Backofen auf 180 Grad vorheizen.

2 Die Auberginen in Scheiben schneiden, beidseits mit Olivenöl bepinseln und in einer Grillpfanne unter Wenden braten. Auf Küchenpapier abtropfen lassen. Leicht salzen.

3 Den Mozzarella halbieren und in dünne Scheiben schneiden. Eine Gratinform ausbuttern oder mit Öl auspinseln. Die gebratenen Auberginenscheiben abwechselnd mit den Mozzarellascheiben ziegelförmig hineinlegen.

4 Den Stielansatz der Tomate entfernen und das Fruchtfleisch würfeln. Den Knoblauch fein hacken. Basilikum oder Oregano fein schneiden. Die Tomatenwürfel über die Auberginenscheiben verteilen. Knoblauch und Basilikum oder Oregano darüberstreuen und mit Salz sowie schwarzem Pfeffer würzen. Den geriebenen Käse darüberstreuen und mit 1 EL Olivenöl (bei Verwendung von Gruyère nicht nötig) beträufeln. Im Backofen bei 180 Grad 15–20 Minuten überbacken.

Zucchini-Tomaten-Gratin (N)

- 200 g kleine Zucchini
- 2 Tomaten
- ½ Zwiebel
- je ¼ rote und grüne Paprikaschote
- 1 Knoblauchzehe
- 1 EL Olivenöl sowie Olivenöl zum Beträufeln
- Salz, schwarzer Pfeffer aus der Mühle
- 1 Thymianzweig
- 1 Salbeiblatt
- 1 EL Pinienkerne
- 1 EL frisch geriebener Parmesan

1 Den Backofen auf 200 Grad vorheizen.

2 Die Zucchini in ½ cm dicke Scheiben schneiden. Die Stielansätze der Tomaten entfernen und die Tomaten in dicke Scheiben schneiden. Die Zwiebel in Streifen schneiden. Die Paprikaschoten entkernen und in feine Streifen schneiden. Den Knoblauch grob hacken.

3 In einer Bratpfanne das Olivenöl erhitzen, die Zwiebel darin leicht anrösten, Paprika und Knoblauch darin weich schmoren. Salzen und pfeffern. Auf dem Boden einer Gratinform verteilen.

4 Die Zucchini- und Tomatenscheiben reihenweise ziegelförmig einschichten. Thymian und Salbei fein hacken und über die Zucchini- und Tomatenscheiben streuen. Mit Salz und Pfeffer würzen und etwas Olivenöl darüberträufeln. Im Backofen bei 180 Grad 30 Minuten backen.

5 Den Gratin mit Pinienkernen und Parmesan bestreuen, nochmals mit etwas Olivenöl beträufeln und weitere 15 Minuten überbacken. Mit einem kleinen Stück Brot servieren.

Zucchini-Tomaten-Gratin ▶

Auberginen mit Nussfüllung (N)

Zum Kalt- oder Warmessen

1 Aubergine

Nussfüllung:
1 Frühlingszwiebel
1 Handvoll Baumnusskerne (Walnüsse)
1 Knoblauchzehe
½ unbehandelte Zitrone
1 EL frisch gehackte Petersilie
½ TL Zitronensaft
1 EL Rotweinessig
1 EL Baumnussöl
Salz, Muskatnuss, Pfeffer aus der Mühle

kalt gepresstes Olivenöl zum Beträufeln
Öl für die Gratinform

1 Den Backofen auf 200 Grad vorheizen.
2 Die Aubergine längs halbieren und längs fächerartig in 1 cm dicke Scheiben einschneiden, aber nicht durchschneiden, sodass die Hälften noch zusammenhalten.
3 Für die Nussfüllung die Frühlingszwiebel fein hacken. Die Baumnusskerne grob hacken. Den Knoblauch pressen. Die Zitrone heiß abwaschen und die Schale abreiben. Alle Zutaten der Füllung außer dem Olivenöl und der Hälfte der gehackten Frühlingszwiebeln miteinander vermischen und kräftig abschmecken. Nach Belieben noch etwas Zitronensaft oder Rotweinessig zufügen.
4 Die beiden Auberginenhälften leicht salzen und die Füllung zwischen die Scheiben streichen. Die Auberginenhälften in eine geölte Gratinform legen und mit 1 EL Olivenöl beträufeln. Im vorgeheizten Backofen 30 Minuten backen. Anschließend ganz leicht mit Salz und schwarzem Pfeffer bestreuen, nochmals etwas Olivenöl darüberträufeln und mit den restlichen Frühlingszwiebeln bestreuen.

Auberginen-Tomaten-Ragout (N)

1 Knoblauchzehe
1 kleine Zwiebel oder Schalotte
Olivenöl
1 kleine Aubergine
8 Cherrytomaten
1 EL Tomatenpüree
150 ml Gemüsebouillon
Salz, Pfeffer aus der Mühle
frisch gehackte Petersilie

1 Knoblauch und Zwiebel oder Schalotte fein hacken und im Olivenöl sanft weich dünsten.
2 Die Aubergine würfeln, die Cherrytomaten vierteln. Beides in die Pfanne geben und kurz mitbraten. Das Tomatenpüree zugeben, ebenfalls kurz mitbraten und dann mit der Gemüsebouillon ablöschen. Salzen, pfeffern und etwa 20 Minuten köcheln lassen.
3 Frisch gehackte Petersilie zugeben und eventuell nochmals mit Salz und Pfeffer abschmecken.

Tipp: Passt wunderbar zu Teigwaren oder Polenta.

Gefüllte Auberginen (N)

1 große, möglichst lange und schmale Aubergine
Salz, Pfeffer aus der Mühle
Öl zum Braten
1 Zwiebel
1 Tomate
1 Knoblauchzehe
1 EL Olivenöl
etwas frisch gehackte Petersilie
Öl für die Gratinform

1 Den Backofen auf 180 Grad vorheizen.
2 Die Aubergine längs halbieren und auf der Schnittseite 3- bis 4-mal längs einschneiden, aber nicht durchschneiden. Die Schnittflächen salzen. Die Aubergine in einer Bratpfanne in wenig Öl auf der Schnittseite anbraten.
Eine Gratinform leicht einölen und die Auberginenhälften mit der Schnittseite nach oben hineingeben.
3 Die Zwiebel längs in Streifen schneiden. Den Stielansatz der Tomate entfernen und das Fruchtfleisch würfeln.
Den Knoblauch grob hacken. Zwiebelstreifen, Tomatenwürfel und Knoblauch in die Längsschnitte der Auberginenhälften drücken. Salzen und pfeffern. Mit dem Olivenöl beträufeln.
Gratinform mit heißem Wasser 2 cm hoch füllen und die Auberginen im vorgeheizten Ofen 1 Stunde backen.
Mit Petersilie bestreut servieren.

Tipp: Es lohnt sich, von diesem Gericht die doppelte Menge herzustellen und den Rest am anderen Tag kalt zu essen.

Bohnen Carbonara mit Kartoffeln (K)

200 g grüne Bohnen
1 große Kartoffel
ein paar getrocknete Steinpilze
1 kleine Zwiebel
1 Knoblauchzehe
1 EL Olivenöl
1 Ei
1 EL frisch geriebener Parmesan
Salz, schwarzer Pfeffer aus der Mühle

1 Die Bohnen bei Bedarf entfädeln und in etwa 5 cm lange Stücke schneiden. Die Kartoffel waschen, gut abbürsten und in dicke Stäbchen schneiden. Bohnen und Kartoffeln zusammen über Dampf 10–12 Minuten weich garen.
2 In der Zwischenzeit die getrockneten Steinpilze 5 Minuten in Wasser einweichen, dann abgießen, gut ausdrücken und klein hacken. Die Zwiebel fein hacken, den Knoblauch pressen. Das Olivenöl erhitzen und Zwiebel, Knoblauch sowie Steinpilze darin gut dünsten. Die Pfanne vom Herd nehmen, das Ei und den Parmesan dazugeben und gut umrühren. Nicht mehr kochen lassen.
3 Die weich gegarten Bohnen und Kartoffeln in die Sauce geben, gut umrühren und kräftig mit Salz und frisch gemahlenem Pfeffer abschmecken.

Bohnen Carbonara mit Kartoffeln ▶

Gratinierter Chicorée (E)

2–3 lange, schlanke Stauden Chicorée
2 hart gekochte Eier

Guss:
50 ml Vollrahm (Sahne)
1 TL Tomatenpüree
1 TL frisch gehackter Dill
Salz, weißer Pfeffer aus der Mühle
wenig Reibkäse

Butter für die Gratinform

1 Den Backofen auf 200 Grad vorheizen.
Den Strunk der Chicoréestauden entfernen, den Chicorée bei Bedarf halbieren und über Dampf knapp weich kochen.
Auf Küchenpapier gut abtropfen und etwas auskühlen lassen. Dann in eine gut ausgebutterte Gratinform legen.
2 Die Eier schälen, grob hacken und über den Chicorée streuen.
3 Für den Guss den Rahm und das Tomatenpüree mit einem Schwingbesen gut vermischen. Mit Dill, Salz und Pfeffer würzen und über den Chicorée gießen. Mit etwas Reibkäse bestreuen und im Backofen 20 Minuten gratinieren.

Tipps: Geräucherten Mozzarella zwischen die Chicoréeblätter legen. Fein pürierten Tofu, vermischt mit Kräutern und Knoblauch, als Füllung verwenden.

Gebratenes Gemüse mit Tomaten-Feta-Pesto (E)

4–5 Gemüsesorten nach Wahl
50 g Feta-Käse
Olivenöl zum Braten

Pesto:
30 g Pinienkerne
100 g getrocknete Tomaten
1 kleine Knoblauchzehe
Olivenöl
Salz

1 Das Gemüse putzen, waschen bzw. schälen und grob schneiden. Den Feta in kleine Würfel schneiden.
2 Für den Pesto die Pinienkerne in einer Pfanne ohne Fett goldgelb rösten und dann auskühlen lassen. Tomaten, Pinienkerne und Knoblauchzehe im Cutter oder Mixer pürieren, dabei nach und nach Olivenöl beifügen, bis eine dicke Paste entstanden ist. Mit Salz abschmecken.
3 Das Gemüse salzen und in Olivenöl braten oder über Dampf garen. Auf einen Teller geben, die Fetawürfelchen darüberstreuen und 1 EL Pesto in der Mitte daraufsetzen.

Kleine Gemüseflans mit Roquefort (E)

Schmeckt auch kalt sehr gut!

Für 4 kleine Förmchen

50 g Nüsse zum Ausstreuen
weiche Butter zum Ausstreichen der Förmchen
200 g Gemüse, z. B. Spargel, Zucchini oder eine Mischung von verschiedenen Gemüsen oder Gemüseresten

1 Gala-Käslein oder ersatzweise 50 g Doppelrahm-Frischkäse (z. B. Philadelphia)
150 g Sauerrahm (saure Sahne)
20 g Roquefort
1 Ei
Salz, weißer Pfeffer aus der Mühle
1 TL frisch gehackte Petersilie

1 Für die Förmchen die Nüsse in einer Pfanne trocken rösten, abkühlen lassen und fein hacken. Die Flanförmchen gut ausbuttern, mit den gehackten Nüssen ausstreuen und im Kühlschrank kalt stellen.

2 Das Gemüse putzen, waschen bzw. schälen, in Stäbchen schneiden und über Dampf sehr weich garen. Auf Küchenpapier abtropfen lassen und die Stäbchen in kleine Stücke schneiden.

3 Gala-Käse oder Frischkäse, Sauerrahm, Roquefort und Ei im Mixer fein pürieren. Diese Masse in eine Schüssel geben, das Gemüse unterziehen und mit Salz und Pfeffer abschmecken. Die Petersilie darunterziehen. Die Masse in die Förmchen gießen.

4 Die Förmchen im Wasserbad zugedeckt ungefähr 30 Minuten pochieren. Etwas erkalten lassen und dann stürzen.

Gemüseflan mit Kräutern (E)

Ergibt 4 Portionen

300 g Karotten
300 g Knollensellerie
300 g Lauch
150 g Broccoli
je 2 Bund Petersilie und Basilikum
5 Eier
250 ml Vollrahm (Sahne)
Salz, Pfeffer aus der Mühle, Muskatnuss
Butter oder Öl für die Cakeform

etwas Sauerrahm (saure Sahne)
evtl. Salatblätter und einige Kräuterblättchen zum Garnieren

1 Den Backofen auf 180 Grad vorheizen.
2 Karotten und Knollensellerie schälen, Lauch und Broccoli waschen. Alles Gemüse ganz klein würfeln und über Dampf weich garen.
3 Die Kräuter klein hacken. Eier und Rahm miteinander verrühren, das Gemüse und die gehackten Kräuter zufügen und alles mit Salz, Pfeffer und Muskatnuss gut abschmecken.
4 Eine Cakeform gut einölen oder buttern und die Gemüsemasse einfüllen. Die Form in eine größere zur Hälfte mit Wasser gefüllte Form stellen, mit Alufolie bedecken und 1 Stunde im vorgeheizten Backofen stocken lassen.
5 Den Flan in der Form erkalten lassen. Dann stürzen und in Scheiben schneiden. Mit einem Klacks Sauerrahm und mit Kräutern bestreut nach Belieben auf Salatblättern anrichten.

Tipp: Es lohnt sich, diese größere Menge zu backen, da der Flan auch kalt gegessen werden kann, zum Beispiel mit Salat.

Lauchbrötchen (K)

1 Vollkornbrötchen
ca. 100 g Lauch
1 Ei
50 g Sauerrahm (saure Sahne)
ca. 20 g Reibkäse
Kräutersalz, Muskatnuss, Pfeffer aus der Mühle

1 Das Brötchen halbieren und die weiche Brotkrume mit den Fingern herauslösen (anderweitig verwenden, z. B. für Paniermehl). Die ausgehöhlten Brötchenhälften auf ein mit Backpapier belegtes Blech legen.
2 Den Lauch in dünne Ringe schneiden, über Dampf weich kochen und in die ausgehöhlten Brötchenhälften füllen.
3 Den Backofen auf 200 Grad vorheizen.
4 Das Ei gut mit dem Sauerrahm verquirlen, den Käse zugeben und die Masse pikant mit Kräutersalz, Muskatnuss und Pfeffer abschmecken. Die Mischung sorgfältig über den Lauch in die Brötchenhälften gießen und diese Brötchenhälften im vorgeheizten Backofen 10–15 Minuten überbacken.

Tipp: Dieses Rezept eignet sich auch ausgezeichnet zur Verwertung von Gemüseresten. Diese klein schneiden und in die ausgehöhlten Brötchen füllen.

Gemüsecurry mit roten Bohnen und Duftreis (K)

2 EL rote Bohnen (aus der Dose) oder getrocknete Bohnen
1 Frühlingszwiebel
1 Stange Staudensellerie
½ rote Paprikaschote
2 TL Kokosfett
1 TL Currypulver
1 Msp. Kreuzkümmelpulver (Cumin)
1 TL Tomatenpüree
150 g Tomaten
Salz, Pfeffer aus der Mühle

50 g Duftreis
100 ml Wasser
1 EL Pistazien
Öl für das Förmchen

1 Bei der Verwendung von getrockneten Bohnen diese nach Packungsanweisung einweichen, dann weich kochen, abgießen und abtropfen lassen. Bohnen aus der Dose ebenfalls abtropfen lassen.

2 Den weißen und hellgrünen Teil der Frühlingszwiebel in feine Ringe schneiden, die grünen Röhrchen in 1 cm dicke Streifchen schneiden und zum Garnieren beiseitelegen.
Den Staudensellerie in kleine Stücke schneiden. Die Paprikaschote entkernen und in kleine Würfel schneiden.

3 Das Kokosfett in einer großen Pfanne erhitzen, die Frühlingszwiebeln (ohne Röhrchen!), Staudensellerie und Paprikawürfelchen darin leicht anbraten. Mit Curry und Kreuzkümmelpulver bestreuen, das Tomatenpüree hinzufügen und mit circa 50 ml Wasser ablöschen. Bei kleiner Hitze etwa 10 Minuten köcheln lassen.

4 Die Stielansätze der Tomaten entfernen und die Tomaten achteln. Bohnen und Tomaten in die Pfanne geben und weitere 5 Minuten köcheln. Pikant mit Salz und Pfeffer abschmecken.

5 In der Zwischenzeit den Reis waschen und mit dem Wasser zum Kochen bringen. Dann auf die kleinste Hitze zurückschalten und zugedeckt circa 20 Minuten quellen lassen.
Die Pistazien in einer Pfanne ohne Fett anrösten.

6 Zum Anrichten ein kleines Förmchen einölen. Den Reis hineindrücken und auf die Mitte eines Tellers stürzen.
Das Gemüse schön darum anordnen und mit den gerösteten Pistazien und den Frühlingszwiebelröllchen bestreuen.

Gemüsequiche (K)

Für ein kleines rundes Kuchenblech

¼ Vollkornblätterteig
Fett für das Blech

Belag:
½ Bund Basilikum
1 kleine Zucchini
1 kleine Aubergine
½ rote Paprikaschote

Guss:
1 Ei
100 ml Vollrahm (Sahne) oder Milch oder Quark-Milch-Mischung
Salz, Pfeffer aus der Mühle, Paprikapulver, Muskatnuss
2 EL frisch geriebener Gruyère

1 Den Backofen auf 200 Grad vorheizen. Das Kuchenblech einfetten und mit dem dünn ausgerollten Teig belegen. Mit einer Gabel mehrmals einstechen.

2 Das Basilikum in Streifchen schneiden. Zucchini und Aubergine in dünne Scheiben schneiden. Die Paprikaschote entkernen und in dünne Streifchen schneiden. Den Teigboden mit dem Basilikum bestreuen. Das rohe Gemüse reihenweise schön verteilt auf den Teigboden legen.

3 Für den Guss das Ei zusammen mit Rahm bzw. Milch oder der Quark-Milch-Mischung im Mixer gut mischen. Pikant mit Salz, Pfeffer, Paprika und Muskatnuss abschmecken. Den Guss über das Gemüse gießen und den Käse darüber verteilen. Im vorgeheizten Backofen 30–40 Minuten backen. Eventuell am Schluss noch 5 Minuten nur mit Unterhitze fertig backen.

Tipp: Dieses Rezept eignet sich besonders gut für die Verwertung von gekochten Gemüseresten.

Peperonata (N)

Je ½ rote, gelbe und grüne Paprikaschote
½ Zwiebel
1 EL Olivenöl
1 kleine Tomate
1 kleine Knoblauchzehe
1 TL Tomatenmark aus der Tube
Salz
1 Msp. Sambal Oelek oder ersatzweise Pfeffer aus der Mühle
ein paar Tropfen Balsamicoessig

1 Die Paprikaschoten entkernen und in etwa 2 cm große Würfel schneiden. Die Zwiebel in Streifen schneiden. Das Olivenöl erhitzen und Paprika sowie Zwiebel darin bei sanfter Hitze ungefähr 15 Minuten dünsten. Gelegentlich umrühren.

2 In der Zwischenzeit den Stielansatz der Tomate entfernen, die Tomate entkernen und klein würfeln. Den Knoblauch pressen. Tomate, Knoblauch, Tomatenmark und 2 EL Wasser zu den Paprikawürfeln geben und weitere 5 Minuten köcheln lassen. Mit Salz, Sambal Oelek und Essig abschmecken.

Nuss-Hackbraten (K)

Ergibt 2–3 Portionen

50 g Champignons
2 Stangen Staudensellerie
2 Knoblauchzehen
1 kleine Zwiebel
300 g Tomaten (oder 1 Dose geschälte Tomaten)
1 EL Kokosfett
100 g Vollkornpaniermehl
80 g fein gehackte Baumnusskerne (Walnüsse)
2 Eier
je 1 TL Basilikum, Oregano und Petersilie
Salz, Pfeffer aus der Mühle
100 g Broccoli
Butter für die Cakeform

1 Die Champignons feucht abreiben und in Scheiben schneiden. Den Sellerie klein würfeln. Den Knoblauch pressen, die Zwiebel fein hacken. Die Tomaten vom Stielansatz befreien, mit kochendem Wasser übergießen, kreuzweise einritzen, die Haut abziehen und das Fruchtfleisch mit einer Gabel zerdrücken.
2 Das Kokosfett in einer Bratpfanne erhitzen. Die Champignonscheiben kurz darin dünsten, dann die schönsten davon längs in einer Linie auf den Boden einer gut ausgebutterten Cakeform legen. In derselben Bratpfanne Sellerie, Knoblauch und Zwiebel weich dünsten. Dann zusammen mit den restlichen Champignons und allen übrigen Zutaten außer dem Broccoli zu einem würzigen Teig verarbeiten. Abschmecken.
3 Den Backofen auf 150 Grad vorheizen.
4 Den Broccoli in Röschen zerteilen und über Dampf weich kochen. Die Hälfte des Teigs in die Cakeform füllen, dann längs die gekochten Broccoliröschen schön anordnen und den Rest des Teiges darübergeben. Die Cakeform in ein Wasserbad stellen, zudecken und im vorgeheizten Backofen 1½ Stunden backen.

Tipp: Schmeckt auch kalt wunderbar, deshalb lohnt es sich, diese große Menge zuzubereiten.

Gefüllte Soufflé-Tomaten (E)

2 Tomaten
25 g geriebener Gruyère
1 EL Milch
½ kleine Knoblauchzehe
1 Ei
wenig frisch gehackter Majoran
oder ½ TL getrockneter Majoran
Salz, Pfeffer aus der Mühle

1 Den Backofen auf 190 Grad vorheizen.
2 Von den Tomaten oben einen Deckel abschneiden. Die Tomaten sorgfältig aushöhlen (das Fruchtfleisch kann für eine Tomatensauce verwendet werden).
3 Über einem heißen Wasserbad den Käse mit der Milch leicht erhitzen und rühren, bis der Käse geschmolzen ist. Den Knoblauch dazupressen. Das Ei trennen, Eigelb und Majoran zu der Käse-Milch-Mischung geben und mit Salz und Pfeffer abschmecken. So lange rühren, bis die Flüssigkeit leicht eingedickt ist. Nicht kochen lassen! Vom Herd nehmen und 2 Minuten auskühlen lassen.
4 Das Eiweiß mit 1 Prise Salz steif schlagen und unter die Käsemasse ziehen. Die Masse in die ausgehöhlten Tomaten füllen. Die Deckel leicht schräg zur Hälfte auf die Tomaten aufsetzen. Die gefüllten Tomaten in eine Auflaufform setzen und im vorgeheizten Backofen 20 Minuten backen.

Ratatouille (N)

Je 1 rote und grüne Paprikaschote
1 Aubergine
1 große oder 2 kleine Zucchini
1 große Fleischtomate
1 kleines Stück Fenchel
1 kleines Stück Lauch
1 Stange Staudensellerie
½ Zwiebel
1 Knoblauchzehe
Olivenöl
6 Basilikumblätter
1 Thymianzweig
1 Salbeiblatt
1 kleines Lorbeerblatt
Salz, Pfeffer aus der Mühle

1 Den Backofen auf 200 Grad vorheizen.

2 Die Paprikaschoten entkernen. Paprika, Aubergine, Zucchini und Tomate in würfelzuckergroße Stücke schneiden. Fenchel, Lauch und Sellerie in feine Streifchen schneiden. Zwiebel und Knoblauch hacken.

3 In einer Pfanne 1 TL Olivenöl heiß werden lassen, Zwiebel und Knoblauch darin weich dünsten, die Tomatenwürfel zugeben und zu einem Mus einkochen. In eine Gratinform füllen.

4 In der Bratpfanne erneut etwas Olivenöl erhitzen und nacheinander die Auberginenwürfel, die Zucchiniwürfel, die Paprikawürfel und am Schluss Fenchel, Lauch und Sellerie gut anbraten. Zu den Tomaten in die Gratinform geben.

5 Das Basilikum in Streifen schneiden und zusammen mit Thymianzweig, Salbei- und Lorbeerblatt zu der Gemüsemischung geben. Alles gut mischen und kräftig mit Salz und Pfeffer abschmecken. Die Gratinform gut mit Alufolie abdecken und im vorgeheizten Backofen circa 1 Stunde backen. Thymianzweig, Lorbeerblatt und Salbeiblatt vor dem Servieren entfernen. Eventuell nachwürzen.

Tipp: Die Zubereitung in doppelter Menge lohnt sich. Den Rest zum Beispiel für eine Tortilla oder eine Gemüsequiche verwenden.

Paprika mit Steinpilzfüllung (N)

1 Paprikaschote
½ kleine Zucchini
25 g Feta-Käse
ein paar getrocknete Steinpilze
1 kleine Knoblauchzehe
1 Ei
ein paar Thymianblättchen
Salz, Pfeffer aus der Mühle
50 ml Gemüsebouillon oder Weißwein
1 EL Reibkäse, z. B. Parmesan oder Gruyère
1 TL Kräuter der Provence
Olivenöl oder Butterflöckchen
Butter für die Gratinform

Sauce:
50 g Sauerrahm (saure Sahne)
1 TL Tomatenmark
½ TL Hefepaste (Vitam oder Cenovis)
Salz, Pfeffer aus der Mühle
1 TL gehackte Petersilie

1 Den Backofen auf 200 Grad vorheizen.
2 Die Paprikaschote quer halbieren und entkernen. Die Zucchini fein hacken. Den Feta fein zerbröckeln. Die getrockneten Steinpilze in Wasser einweichen, dann abgießen, ausdrücken und grob hacken. Den Knoblauch pressen. Das Ei verquirlen.
3 Eine Gratinform ausbuttern und die Paprikahälften hineinlegen. Zucchini, Feta, Steinpilze, Knoblauch, Ei und Thymian miteinander verrühren. Mit Salz und Pfeffer abschmecken und in die Paprikahälften füllen. Mit Gemüsebouillon oder Weißwein umgießen, mit Alufolie abdecken und im vorgeheizten Backofen circa 30 Minuten backen.
4 Nach der Backzeit die Folie entfernen, Käse und Kräuter der Provence über die Paprikaschoten streuen, mit Olivenöl beträufeln oder mit Butterflöckchen belegen und nochmals etwa 10 Minuten im Ofen überbacken.
5 Die gefüllten Paprika auf einem Teller im abgeschalteten Ofen warm stellen. Die Flüssigkeit aus der Gratinform in ein kleines Pfännchen gießen, Sauerrahm, Tomatenmark und Hefepaste dazugeben. Kurz aufkochen, mit Salz und Pfeffer abschmecken und die Petersilie beifügen. Die Sauce um die Paprika gießen und servieren.

Sauerkrautgratin (K)

250 g gekochtes Sauerkraut
1 kleine Karotte
1 Msp. Safranpulver
Butter für die Form

Guss:
100 ml Vollrahm (Sahne)
1 Ei
Salz, frisch gemahlener Kümmel, Pfeffer aus der Mühle

1 Den Backofen auf 180 Grad vorheizen.
2 Das Sauerkraut von Hand ausdrücken und auf dem Schneidebrett kurz hacken. Die Karotte schälen und in feine Stäbchen raffeln. Mit dem Sauerkraut und dem Safran mischen und in eine gut gebutterte Gratinform geben.
3 Für den Guss alle Zutaten vermischen und über das Sauerkraut verteilen. Mit Alufolie zugedeckt im vorgeheizten Backofen 30 Minuten backen. Dann die Folie entfernen und den Gratin weitere 10 Minuten backen.
4 Mit 2 kleinen Kartoffeln servieren.

»Vitamin«-Gratin (K)

½ Paket Tiefkühl-Gemüsemischung
etwas Kräutersalz
½ Avocado
½ Becher nordische Sauermilch (Schwedenmilch) oder 100 g Sauerrahm (saure Sahne)
1 Ei
1 Msp. Currypulver
Salz, Pfeffer aus der Mühle
50 g Reibkäse
1 EL Sonnenblumenkerne
Butter für die Gratinform

1 Eine Gratinform gut ausbuttern.
2 Die Hälfte des tiefgefrorenen Gemüses in die Gratinform geben und leicht mit Kräutersalz würzen.
3 Die Avocado schälen und entkernen. Avocado, nordische Sauermilch oder Sauerrahm, Ei, Currypulver, Salz und Pfeffer im Mixer pürieren und über das Gemüse gießen. Die andere Hälfte des tiefgefrorenen Gemüses darübergeben und erneut leicht mit Kräutersalz würzen. Den Reibkäse mit den Sonnenblumenkernen mischen und über das Gemüse verteilen. Den Gratin mit Folie bedecken und in den kalten Ofen schieben. Den Backofen auf 180 Grad einstellen und den Gratin 30 Minuten zugedeckt, dann noch weitere 10 Minuten bei 200 Grad ohne Folie backen.
4 Mit 2 kleinen Kartoffeln servieren.

Zucchini gefüllt mit Ziegenfrischkäse (E)

1 mittelgroße Zucchini
½ Knoblauchzehe
100 g Ziegenfrischkäse
wenig Petersilie, Rosmarin, Majoran und Basilikum, fein gehackt (oder italienische Kräutermischung)
etwas fein gehackte Chilischote oder wenig Sambal Oelek nach Belieben
Salz, Pfeffer aus der Mühle
Olivenöl

1 Den Backofen auf 200 Grad vorheizen. Die Zucchini längs halbieren und etwas aushöhlen. In eine Gratinform geben und im vorgeheizten Backofen etwa 5 Minuten vorbacken.
2 In der Zwischenzeit die Knoblauchzehe fein hacken oder pressen. Den Ziegenfrischkäse mit dem Knoblauch, den Kräutern und nach Belieben gehackter Chilischote oder Sambal Oelek vermischen, mit Salz und Pfeffer abschmecken.
3 Die Frischkäsemischung auf den Zucchini verteilen, mit Olivenöl beträufeln und weitere 20 Minuten backen.

Provenzalischer Zucchini-Spinat-Gratin (E)

200 g frischer Spinat oder
50 g Tiefkühlspinat
300 g Zucchini
1 Knoblauchzehe
2 Eier
1 EL Zitronensaft
1 EL fein gehackte Petersilie
Salz, Pfeffer aus der Mühle, Muskatnuss
1 EL Paniermehl
1 EL Olivenöl
Öl für die Gratinform

1 Den Backofen auf 220 Grad vorheizen.
2 Den frischen Spinat gründlich waschen und über Dampf zusammenfallen lassen. Etwas erkalten lassen, dann ausdrücken und grob hacken (tiefgekühlten Spinat auftauen und ebenfalls grob hacken).
3 Die Zucchini in circa 3 mm dicke Scheiben schneiden. Den Knoblauch pressen. Die Eier zusammen mit Zitronensaft, Knoblauch und Petersilie verquirlen. Zucchini und Spinat untermischen und gut mit Salz, Pfeffer und Muskatnuss würzen.
4 Eine Gratinform mit Öl auspinseln, die Gemüsemischung hineingeben, mit Paniermehl bestreuen und mit dem Olivenöl beträufeln. Im vorgeheizten Backofen etwa 35 Minuten backen.

Spargel und Kartoffeln mit Kräutersauce (K)

200 g neue kleine Kartoffeln
je 100 g weißer und grüner Spargel
Salz, Kümmel

Sauce:
150 g Vollmilchquark
klein gehackte Kräuter nach Belieben
Kräutersalz
oder:
½ Kräuter-Boursin- oder Tartar-Käse
100 g Magerquark
gehackte Kräuter nach Belieben

1 Die Kartoffeln waschen und gründlich bürsten. Die weißen Spargel schälen. Weiße und grüne Spargel in 4 cm lange Stücke schneiden. Kartoffeln und Spargel über Dampf 12–15 Minuten weich kochen.
2 Für die Sauce entweder den Vollmilchquark mit Kräutern und Kräutersalz verrühren oder den Kräuter-Frischkäse mit Magerquark und Kräutern mischen.

Spinat mit Ricotta, indisch gewürzt (E)

200 g Tiefkühlspinat
100 g Ricotta oder Ziger
2 TL Kokosfett
1 kleine Zwiebel
1 cm frischer Ingwer
1 Stück Peperoncini nach Belieben
1 Tomate
1 Msp. Korianderpulver
1 Msp. Kurkuma (Gelbwurz)
Salz
1 Msp. Garam Masala
1 Prise Chilipulver

1 Den Tiefkühlspinat auftauen lassen. Den Ricotta oder Ziger klein würfeln und auf Haushaltpapier abtropfen lassen.
Das Kokosfett erhitzen und die Ricotta- oder Zigerwürfel darin goldbraun frittieren, dann herausnehmen und auf Haushaltspapier entfetten.
2 Zwiebel und Ingwer schälen. Die Zwiebel fein hacken und den Ingwer raffeln. Falls verwendet die Peperoncini entkernen und sehr fein schneiden. Den Stielansatz der Tomate entfernen und das Fruchtfleisch würfeln. Die Zwiebel im übrig gebliebenen Kokosfett leicht knusprig braten, Ingwer, Tomatenwürfel, Peperoncini, Koriander und Kurkuma dazugeben und mitrösten. Dann den aufgetauten Spinat dazugeben und umrühren. Salzen und etwas köcheln lassen. Die Ricotta- oder Zigerwürfel daruntermischen und weitere 5 Minuten köcheln lassen.
Am Schluss mit Garam Masala und Chilipulver abschmecken.

Spargel-Quiche mit Filoteig (K)

1 Packung Filoteig
200–300 g Spargel

Guss:
1 Ei
100 ml Vollrahm (Sahne)
Salz, Pfeffer aus der Mühle
2 EL geriebener Käse

1 Den Backofen auf 200 Grad vorheizen.
2 Ein Backblech mit dem Filoteig belegen.
3 Die holzigen Enden der Spargelstangen wegschneiden, die Stangen schälen und in kleine Stücke schneiden.
Den Spargel über Dampf weich kochen, auf Küchenpapier abtropfen lassen, dann auf dem Teig verteilen.
4 Für den Guss das Ei mit dem Rahm verrühren und kräftig mit Salz und Pfeffer abschmecken. Über den Spargel gießen. Den geriebenen Käse darüberstreuen und im vorgeheizten Ofen 20 Minuten backen.

Spinat mit Ricotta, indisch gewürzt ▶

Zucchini-Tomaten-Quiche mit Ziegenfrischkäse (K)

¼ Packung Blätterteig oder Filoteig
1 Tomate
1 kleine Zucchini
Rosmarin, Thymian

Guss:
1 Ei
50 ml Vollrahm (Sahne)
50 g Ziegenfrischkäse
Salz, Pfeffer aus der Mühle

1 Den Backofen auf 220 Grad vorheizen. Eine kleine Quicheform mit dem Teig auslegen und mit einer Gabel mehrmals einstechen.
2 Den Stielansatz der Tomate entfernen, das Fruchtfleisch in Scheiben schneiden und auf Küchenpapier etwas abtrocknen. Die Zucchini in dünne Scheiben schneiden.
3 Für den Guss alle Zutaten mixen. Pikant mit Salz und Pfeffer abschmecken.
4 Die Tomaten- und Zucchinischeiben auf dem Teig hübsch anordnen. Die Kräuter hacken und über das Gemüse streuen. Den Guss darüber verteilen.
5 Die Quiche im vorgeheizten Ofen etwa 30–40 Minuten auf der untersten Schiene backen. Dazu passt ein gemischter Salat.

Spargel mit Rührei (E)

200–300 g grüner oder weißer Spargel
Salz
wenig Butter nach Belieben
2 große Eier
viel fein geschnittener Schnittlauch
Olivenöl

1 Die verholzten Enden der Spargelstangen abschneiden, weißen Spargel schälen. Über Dampf oder in wenig Salzwasser und nach Belieben einem kleinen Stückchen Butter knackig weich kochen.
2 In der Zwischenzeit die Eier in einer kleinen Schüssel aufschlagen, salzen und den Schnittlauch zugeben. In einer beschichteten Pfanne wenig Olivenöl erhitzen. Die Eimasse in die Pfanne geben und unter konstantem Rühren garen, bis sie gestockt ist.
3 Die Spargelstangen auf einen Teller geben, leicht salzen, ein paar Tropfen Olivenöl darüberträufeln und mit dem Rührei belegen.

Baskisches Rührei (E)

1 kleine Zwiebel
1 rote oder gelbe Paprikaschote
1 Tomate
1 Knoblauchzehe
Olivenöl
2 Eier
Basilikum
Salz, Pfeffer aus der Mühle

1 Die Zwiebel in feine Streifen schneiden. Die Paprikaschote aufschneiden, entkernen und ebenfalls in feine Streifen schneiden. Die Tomate vom Stielansatz befreien, entkernen und grob hacken. Den Knoblauch pressen.
2 Die Zwiebelstreifen in Olivenöl bei milder Hitze etwa 2 Minuten dünsten. Die Paprikastreifen zugeben und 2 Minuten mitdünsten. Dann Tomate und Knoblauch zufügen und alles bei milder Hitze nochmals circa 5 Minuten weich dünsten.
3 Die Eier verquirlen und über das Gemüse geben. Das Basilikum in Streifchen schneiden und ebenfalls zugeben. Salzen, pfeffern und unter dauerndem Rühren so lange weitergaren, bis die Eier zu stocken beginnen. Auf einen Teller geben und nach Geschmack nachwürzen.

Florentiner Spinat (E)

250 g frischer Spinat
½ Zwiebel
1 kleine Knoblauchzehe
1 EL Olivenöl
Kräutersalz, Pfeffer aus der Mühle, Salz
1 Ei
½ Mozzarella
Fett für die Gratinform

1 Den Backofen auf 200 Grad vorheizen.
2 Den Spinat waschen, die Stiele entfernen und den Spinat über Dampf zusammenfallen lassen.
3 Die Zwiebel fein hacken, den Knoblauch pressen. Beides im Olivenöl sanft dünsten. Den Spinat ausdrücken und dazugeben. Mit Kräutersalz und Pfeffer abschmecken. In eine gefettete Gratinform füllen.
4 Eine Mulde in die Mitte des Spinats drücken, das Ei aufschlagen und in die Mulde geben. Das Ei leicht salzen. Den Mozzarella in kleine Stückchen reißen und über den Gratin verteilen. Im vorgeheizten Backofen so lange backen, bis das Ei gestockt und der Mozzarella geschmolzen ist.

Baskisches Rührei ▶

Gemüse-Omelette mit Zucchini und Paprika (E)

Ein wunderbares Rezept für Eilige

1 kleine Frühlingszwiebel
1 mittelgroße Zucchini
wenig möglichst rote Paprikaschote
2 EL Olivenöl
2 Eier
1 EL fein geschnittenes Basilikum
1 EL frisch geriebener Parmesan
Salz, Pfeffer aus der Mühle

1 Die Frühlingszwiebel fein hacken, die Zucchini in feine Scheiben schneiden. Die Paprikaschote entkernen und in feine Streifchen schneiden. Das Gemüse in 1 EL Olivenöl bei kleiner Hitze weich dünsten.
2 Die Eier in einer Schüssel mit der Gabel oder dem Schwingbesen aufschlagen, das weich gedünstete Gemüse zusammen mit Basilikum und Parmesan zugeben und alles mit Salz und Pfeffer würzen.
3 Nochmals 1 EL Olivenöl in der Bratpfanne leicht erhitzen, die Ei-Gemüse-Mischung hineingeben und bei mittlerer Hitze 4–5 Minuten braten, bis die Eier gestockt sind.
4 Einen großen, flachen Pfannendeckel auflegen, die Gemüseomelette auf den Deckel stürzen und dann die Omelette wieder in die Pfanne gleiten lassen. Auf der zweiten Seite nur einen kurzen Augenblick fertig braten.

Tipp: Diese Omelette kann auch sehr gut mit beliebigen gekochten Gemüseresten zubereitet werden.

Kürbis-Lauch-Frittata (E)

2 Eier
Salz, Pfeffer aus der Mühle, nach Belieben etwas Muskatnuss
1 kleines Stück Kürbis
1 kleines Stück rote Paprikaschote
1 kleines Stück Lauch
2 EL Olivenöl
¼ Feta-Käse

1 Die Eier in einer Schüssel aufschlagen und leicht salzen.
2 Den Kürbis schälen und entkernen. Die Paprikaschote aufschneiden und entkernen. Alles Gemüse sehr klein würfeln. 1 EL Olivenöl erhitzen. Die Gemüsewürfelchen darin weich dünsten, dann in die Schüssel zum Ei geben. Den Feta ganz klein würfeln und ebenfalls zu der Gemüse-Ei-Mischung geben. Salzen, pfeffern und eventuell mit wenig Muskatnuss abschmecken.
3 In einer beschichteten Pfanne 1 EL Olivenöl erhitzen, die Masse hineingeben und bei mittlerer Hitze stocken lassen, bis die Oberfläche nicht mehr flüssig ist. Auf einen flachen Pfannendeckel stürzen und wieder in die Pfanne gleiten lassen. Auf der zweiten Seite noch etwa 1 Minute braten.

Kürbis-Lauch-Frittata ▶

Gemüse-Tortilla (E)

50 g grüne Bohnen
100 g Zucchini
100 g rote Paprikaschote
1 Frühlingszwiebel
1 Knoblauchzehe
½ Bund Petersilie
etwas Bohnenkraut
1 EL Butter
1 EL Öl
2 Eier
1 EL Vollrahm (Sahne)
Salz, Pfeffer aus der Mühle

1 Die Bohnen falls nötig entfädeln und über Dampf weich kochen. Die Zucchini in Scheiben schneiden. Die Paprikaschote mit dem Kartoffelschäler schälen und in Streifen schneiden, Kerne entfernen. Die Frühlingszwiebel fein hacken. Den Knoblauch pressen. Petersilie und Bohnenkraut hacken.
2 Butter und Öl in einer großen Pfanne erhitzen, Frühlingszwiebel und Knoblauch darin glasig dünsten. Das übrige Gemüse hinzufügen und unter häufigem Wenden weich dünsten.
3 In einer großen Schüssel die Eier zusammen mit dem Rahm aufschlagen und mit Salz und Pfeffer würzen. Das gedünstete Gemüse und die Kräuter hinzufügen, alles gut vermischen, dann wieder in die Pfanne geben und zugedeckt bei kleiner Hitze braten, bis die Eiermasse gestockt ist. Mithilfe eines großen flachen Pfannendeckels wenden und auf der zweiten Seite nochmals ganz kurz braten.

Crêpe mit Kürbis, Tomaten und Ziegenkäse (E)

Teig:
2 Eier
etwas Salz
Kokosfett oder Bratbutter zum Ausbacken

Füllung:
100 g Kürbis
1 Tomate
1 EL Olivenöl
Salz, schwarzer Pfeffer aus der Mühle
1 kleine Knoblauchzehe
ein paar Tropfen Balsamicoessig
etwas Akazienhonig
1 kleines frisches Ziegenkäslein
frisch gehackter Schnittlauch oder frisch gehacktes Basilikum

1 Für den Teig die Eier mit dem Salz verklopfen und im erhitzten Fett daraus eine Crêpe backen. Auf ein mit Backpapier belegtes Blech legen.
2 Den Backofengrill vorheizen.
3 Für die Füllung den Kürbis schälen, entkernen und in ½ cm dicke Scheiben schneiden. Die Tomate kreuzweise einritzen, mit kochendem Wasser überbrühen, häuten, entkernen und in kleine Würfel schneiden. Das Olivenöl erhitzen und die Kürbisscheiben darin beidseits braten. Salzen und pfeffern und dekorativ auf der Crêpe verteilen.
4 Die Tomatenwürfelchen in derselben Pfanne schmelzen. Den Knoblauch dazupressen und mit Balsamicoessig, etwas Honig, Salz und Pfeffer abschmecken.
5 Den Ziegenkäse in Scheiben schneiden. Die Tomatenwürfelchen und anschließend den Ziegenkäse auf den Kürbisscheiben verteilen. Die Crêpe unter dem Backofengrill kurz bräunen. Mit Schnittlauch oder Basilikum bestreut servieren.

Gemüse-Tortilla ▶

Omeletten mit Pilz-Lauch-Füllung (E)

Teig:
1 Ei
1 TL Mehl
100 ml Milch
Salz
Kokosfett zum Ausbacken

Füllung:
100 g Pilze
100 g Lauch
1 kleine Knoblauchzehe
1 EL Vollrahm (Sahne)
1 TL Sojasauce
1 TL gehackte Petersilie
Salz

1 Alle Zutaten für den Teig in einer Schüssel mit dem Schwingbesen verrühren und 10 Minuten quellen lassen.

2 Für die Füllung die Pilze feucht abreiben und vierteln. Den Lauch in Rädchen schneiden. Den Knoblauch fein hacken oder pressen. Etwas Kokosfett erhitzen. Pilze, Lauch und Knoblauch darin weich dünsten. Mit Rahm und Sojasauce ablöschen, die Petersilie beifügen und mit Salz sowie eventuell noch etwas Sojasauce abschmecken.

3 Für die Omeletten nochmals etwas Kokosfett in einer Pfanne erhitzen und aus dem Teig zwei dünne Omeletten backen. Nach 2–3 Minuten wenden und die Hitze etwas reduzieren.

4 Die fertigen Omeletten mit der Füllung belegen und einschlagen.

Variante: mit Lauch und Chicorée

1 kleine Stange Lauch und 1 Staude Chicorée in feine Streifen schneiden, in 1 EL Butter knackig braten. Mit 1 TL Balsamicoessig sowie Salz und Pfeffer abschmecken, frisch gehackten Schnittlauch und ½ klein gewürfelten geräucherten Mozzarella daruntermischen. Die Omeletten damit füllen.

Buchweizen-Crêpes mit Pilz-Spinat-Füllung (K)

Teig:

50 g Buchweizenmehl
1 Ei
ca. 50 ml Milch
Salz

Füllung:

250 g Spinat, frisch oder tiefgekühlt
1 kleine Zwiebel
50 g Pilze (z. B. Champignons, Shiitake)
1 TL Butter oder Kokosfett
1 EL Rosinen oder Mangochutney (oder ein anderes Fruchtchutney)
1 Prise Currypulver, Salz, Pfeffer aus der Mühle

1 Alle Zutaten für den Teig in einer Rührschüssel mit dem Schwingbesen gut vermischen und dann mindestens 1 Stunde quellen lassen. Den Teig eventuell mit etwas Wasser verdünnen. Er sollte ziemlich dünnflüssig sein.

2 Inzwischen für die Füllung den frischen Spinat gründlich waschen, die Stiele entfernen und den Spinat nass in eine weite Pfanne geben. Bei mittlerer Hitze zusammenfallen lassen. Tiefgekühlten Spinat nach Packungsanweisung auftauen und erhitzen.

3 Die Zwiebel sehr fein hacken. Die Pilze feucht abreiben und in Scheiben schneiden. Butter oder Kokosfett in einer kleinen Bratpfanne erhitzen und zuerst die Zwiebel darin kurz anbraten, dann die Pilze zugeben und weitere 5 Minuten braten. Rosinen oder Mangochutney beifügen, mit wenig Currypulver und Salz sowie Pfeffer abschmecken und nochmals 2–3 Minuten weiter erhitzen, bis möglichst alle Flüssigkeit verdampft ist.

4 Inzwischen eine beschichtete Pfanne mit etwas Öl bepinseln, heiß werden lassen und dann mit einem Schöpflöffel wenig Teig in die Pfanne geben. Mit der Rückseite eines Suppenlöffels den Teig dünn verteilen und beidseits knusprig braten.

5 Den Spinat ausdrücken, mit der Pilzmischung mischen und auf die gebratenen Crêpes geben. Nach Wunsch zusammenklappen.

Buchweizen-Blini mit Gemüsequark (K)

Teig:
50 ml Milch
1 Eigelb
50 g Buchweizenmehl
50 ml Wasser
Salz, Pfeffer aus der Mühle
1 Eiweiß
Kokosfett zum Braten

Gemüsequark:
1 kleine Karotte
¼ rote oder gelbe Paprikaschote
1 Stange Staudensellerie
50 g Quark
ein paar Tropfen Zitronensaft
½ TL Dijonsenf
Salz
fein geschnittener Schnittlauch zum Garnieren

1 Alle Zutaten für die Blini (außer dem Eiweiß) im Mixer oder in einer Teigschüssel gut verrühren und mindestens 30 Minuten quellen lassen. Dann das Eiweiß steif schlagen und unter den Teig ziehen. Das Kokosfett in einer Bratpfanne erhitzen. Den Teig in 4 Häufchen hineinsetzen und ausbacken.
2 Für den Gemüsequark die Karotte schälen, die Paprikaschote aufschneiden und entkernen. Sämtliches Gemüse im Cutter klein hacken, mit dem Quark verrühren und mit Zitronensaft, Senf und Salz abschmecken. Den Gemüsequark auf die Blini geben und mit fein geschnittenem Schnittlauch bestreuen.

Gegrillter grüner Spargel mit Ziegenkäse (E)

200–300 g grüner Spargel
Salz
Zitronensaft
Olivenöl
1 Ziegenkäslein (oder anderes kleines Käslein oder 100 g Raclettekäse)

1 Die holzigen Enden des Spargels wegschneiden. Eine große Grillpfanne erhitzen und den Spargel rundherum ohne Fettzugabe grillen, bis er gar ist. Auf einen Teller legen, salzen und mit etwas Zitronensaft und Olivenöl beträufeln.
2 Den Ziegenkäse ebenfalls in der Grillpfanne oder in einer beschichteten Pfanne so lange braten, bis er weich ist. Auf den Spargel geben und servieren.

Gegrilltes Gemüse mit Hüttenkäse *(E)*

Ca. 300 g Gemüse (z. B. Zucchini, Paprikaschoten, halbierte Frühlingszwiebeln, Auberginen)
Olivenöl
Salz, Pfeffer aus der Mühle
½ unbehandelte Zitrone
100–150 g Hüttenkäse
frische fein gehackte Kräuter (z. B. Thymian, Basilikum)

1 Das Gemüse waschen bzw. schälen und leicht mit Olivenöl bepinseln. In der Grillpfanne oder unter dem Backofengrill grillen. Salzen und pfeffern.
2 Die Zitrone heiß abwaschen, die Schale abreiben und den Saft auspressen. Den Hüttenkäse mit 2 EL Olivenöl, Zitronensaft, Zitronenschale und fein gehackten Kräutern vermischen, mit Salz und Pfeffer abschmecken. Über das gegrillte Gemüse geben.

Käse-Lauch-Quiche *(K)*

¼ Packung Blätterteig oder Filoteig
1 kleine Zwiebel
150 g Lauch
1 EL Butter
1 Ei
50 ml Vollrahm (Sahne)
50 g geriebener Käse
Salz, Pfeffer aus der Mühle
Butter für die Quicheform

1 Eine kleine Kuchenform mit dem Teig auslegen und diesen mehrmals mit einer Gabel einstechen. Den Backofen auf 220 Grad vorheizen.
2 Die Zwiebel hacken. Den Lauch in feine Streifchen schneiden. Die Butter in einer kleinen beschichteten Pfanne leicht erhitzen, Zwiebel und Lauch darin langsam andämpfen. Die Pfanne beiseitestellen.
3 Ei, Rahm und Käse miteinander verquirlen, gut würzen und zur Lauch-Zwiebel-Mischung geben. Die Lauchmasse auf den Teigboden geben. Die Quiche im vorgeheizten Backofen auf der untersten Schiene 30–40 Minuten backen. Dazu passt ein gemischter Salat.

Sesampilze (N)

- 100 g Austernpilze oder große Champignons
- 1 Frühlingszwiebel
- ½ EL Kokosfett
- 1 TL Sesamöl
- 1 TL geschälter Sesam
- Salz, Pfeffer aus der Mühle

1 Die Pilze feucht abreiben und in Scheiben oder Streifen schneiden. Den grünen Teil der Frühlingszwiebel in feine Röllchen schneiden.
2 In einer Pfanne Kokosfett und Sesamöl erhitzen und die Pilze kurz und stark anbraten, dann die gehackte Frühlingszwiebel und den Sesam dazugeben und kurz mitbraten.
Die Pfanne vom Herd nehmen (die Pilze sollten kein Wasser gezogen haben), salzen und pfeffern und mit den grünen Frühlingszwiebelröllchen bestreuen.

Tipp: Schmeckt wunderbar zu Kartoffelgratin.

Pilz-Stroganoff (N)

- 250 g frische gemischte Pilze, dunkle und helle Champignons oder frische Pfifferlinge (Eierschwämmli)
- 1 kleine Zwiebel
- 1 kleine Knoblauchzehe
- 1 kleine Essiggurke (Cornichon)
- etwas Bratbutter oder Kokosfett
- Salz, Pfeffer aus der Mühle, Paprikapulver
- 1 Schuss Cognac nach Belieben
- 1 Handvoll Tiefkühlerbsen
- abgeriebene Schale von ¼ unbehandelten Zitrone
- 100 g Crème fraîche
- ½ Bund glatte Petersilie

1 Die Pilze feucht abreiben und in große Stücke schneiden. Kleinere Pilze, wie zum Beispiel Champignons, halbieren. Die Zwiebel fein hacken, den Knoblauch pressen. Die Essiggurke in Scheiben schneiden.
2 In einer großen Bratpfanne Bratbutter oder Kokosfett erhitzen, Zwiebel, Knoblauch und die Pilze zufügen und ungefähr 5 Minuten bei großer Hitze braten. Die Pilze sollten möglichst wenig Wasser ziehen. Mit Salz, Pfeffer und Paprikapulver abschmecken. Nach Belieben den Cognac hinzufügen und kurz mitköcheln lassen. Anschließend die Tiefkühlerbsen dazugeben und kurz erwärmen, dann Zitronenschale, Essiggurke und Crème fraîche beifügen und nochmals abschmecken.
3 Mit gewöhnlichem Reis, Wildreis oder Champagnerrisotto (siehe Seite 119) servieren.

Pilz-Stroganoff ▶

Auberginen-Tofu Szechuan-Art *(N)*

- 100 g Tofu
- 2 EL Tamari oder Sojasauce
- 300 g Auberginen
- 1 cm frischer Ingwer
- 1 Knoblauchzehe
- Öl zum Braten
- 1 Msp. Honig
- 1 Msp. Sambal Oelek
- Salz
- 1 EL Sesamöl
- 1 TL Apfelessig
- 1 Schalotte oder Frühlingszwiebel
- 1 EL gehackte Mandeln oder Sesam
- Kokosfett zum Braten

1 Den Tofu in 2 cm große Würfel schneiden, mit 1 EL Tamari oder Sojasauce beträufeln und 30 Minuten marinieren.

2 Die Auberginen vom Stielansatz befreien und in 2 cm große Würfel schneiden. Den Ingwer schälen, Knoblauch und Ingwer fein hacken.

3 Einen Wok oder eine große Bratpfanne erhitzen, das Öl hineingeben und die Tofuwürfel darin knusprig braten. Aus der Pfanne nehmen und beiseitestellen.

4 Wieder etwas Öl in die Pfanne geben und die Auberginenwürfel 5–10 Minuten braten. Aus der Pfanne nehmen und zu den Tofuwürfeln geben. Erneut etwas Öl in die Pfanne geben, Knoblauch und Ingwer kurz braten. Mit 1 EL Tamari oder Sojasauce und ¼ Tasse Wasser ablöschen, Honig und Sambal Oelek zugeben. Dann die Auberginen- und Tofuwürfel dazugeben und alles zusammen 2–3 Minuten durchbraten. Mit Salz abschmecken und in eine vorgewärmte Schüssel geben.

5 In derselben Pfanne das Sesamöl und den Apfelessig kurz erwärmen und über das Gemüse geben. Schalotte oder Frühlingszwiebel fein hacken. Mandeln oder Sesam in einer Pfanne ohne Fett rösten. Mandeln oder Sesam und die gehackte Schalotte oder Frühlingszwiebel über das Gemüse streuen.

Gemüse in Kokosmilch mit Seitan (E)

1 kleine Zwiebel
1 Knoblauchzehe
2 TL Kokosfett
je 1 Msp. Galangawurzel, Sambal Oelek, Korianderpulver, Kreuzkümmelpulver (Cumin) oder 1 TL feines Currypulver
2 EL Kokosmilch (aus Dose oder Tetrapak)
1 kleine Aubergine
½ grüne Paprikaschote
100 g Chinakohl, Wirz (Wirsing) oder Lattich
Salz
150 g Seitan (aus dem Reformhaus)

1 Zwiebel und Knoblauch fein hacken. Das Kokosfett erhitzen und beides darin andünsten. Die Gewürze zugeben und kurz mitdünsten. Mit der Kokosmilch ablöschen, eventuell noch etwas Wasser zufügen.
2 Die Aubergine in kleine Würfel schneiden. Die Paprikaschote aufschneiden, entkernen und in Streifen schneiden. Chinakohl, Wirz oder Lattich in Streifen schneiden. Das Gemüse in die Pfanne geben und etwa 10 Minuten köcheln lassen, bis das Gemüse knackig weich ist. Salzen.
3 Den Seitan würfeln, zum Gemüse geben und darin erwärmen.
4 Dazu passen Reis oder schmale Nudeln.

Griechischer Fenchel mit Tofuspieß (E)

Griechischer Fenchel (siehe Seite 56)

Tofuspieße:
150 g Tofu
2 EL Sojasauce
½ rote Paprikaschote
½ Zwiebel
Kokosfett oder Olivenöl zum Braten

1 Den griechischen Fenchel nach Rezept Seite 56 zubereiten.
2 Den Tofu in gleichmäßige Würfel schneiden und etwa 30 Minuten in der Sojasauce marinieren. In der Zwischenzeit die Paprikaschote aufschneiden, entkernen und in Quadrate schneiden. Die Zwiebel in dicke Scheiben schneiden.
Den Tofu aus der Marinade nehmen und auf Haushaltspapier abtropfen lassen. Dann abwechselnd mit den Paprikastücken und den Zwiebelscheiben auf Holzspieße stecken. In heißem Kokosfett oder Olivenöl braten.
3 Das Fenchelgemüse mit den Tofuspießen anrichten.

Orientalisches Gemüse mit Tofu (E)

100–150 g Tofu
2 EL Sojasauce
1 EL Kokosfett
½ Packung Orientalische Gemüsemischung, tiefgekühlt (oder frisch, siehe Tipp)
wenig Sambal Oelek
frisch geriebener Ingwer, falls vorhanden
Salz nach Belieben

1 Den Tofu würfeln oder in Stäbchen schneiden und in der Sojasauce mindestens 1 Stunde marinieren. Dann aus der Marinade nehmen und auf Haushaltspapier abtropfen lassen. Die Marinade aufbewahren.
2 Eine Bratpfanne oder einen Wok erhitzen, das Kokosfett zugeben und die Tofuwürfel darin scharf anbraten. Dann das Gemüse beigeben und ebenfalls gut mitbraten. Mit der restlichen Marinade ablöschen und kurz erhitzen. Das Gemüse sollte unbedingt knackig bleiben. Mit etwas Sambal Oelek und nach Belieben mit Ingwer würzen und eventuell noch etwas nachsalzen.

Tipp: Man kann die Gemüsemischung natürlich auch selber frisch zusammenstellen aus Karotten, Champignons, eingeweichten chinesischen Pilzen, Paprika, Chinakohl, Sojasprossen usw.

Tofuspieße mit Kokos-Erdnuss-Sauce (E)

200 g Tofu
Sojasauce
etwas Kokosfett zum Braten

Sauce:
½ Knoblauchzehe
1 cm frischer Ingwer, geschält
½ Bund Koriander
etwas Sambal Oelek oder frischer Chili
20 g Erdnussbutter
1 EL Sojasauce
1 TL Reisessig oder Apfelessig
3 EL Kokosmilch (eventuell etwas mehr)
Salz nach Belieben

1 Den Tofu in große Würfel schneiden und mindestens 30 Minuten in der Sojasauce marinieren. Dann auf Küchenpapier abtropfen lassen. Die Tofuwürfel auf Spieße stecken und im heißen Kokosfett braten.
2 Für die Sauce Knoblauch, Ingwer und Koriander im Cutter gründlich pürieren. Die übrigen Zutaten zugeben und zu einer dicken, sämigen Sauce mixen. Eventuell noch etwas salzen.
3 Die gebratenen Tofuspieße auf Teller geben und mit der Sauce übergießen.

Tipp: Die Sauce hält sich im Kühlschrank mehrere Wochen.

Kichererbsen mit Tomaten und geräuchertem Tofu (K)

60 g getrocknete Kichererbsen oder ½ Dose Kichererbsen
1 Knoblauchzehe
50 g geräucherter Tofu
1 Salbeiblatt
1 Tomate
1 EL Olivenöl
Salz, Pfeffer aus der Mühle

1 Getrocknete Kichererbsen über Nacht einweichen. Am nächsten Tag abgießen und im Dampfkochtopf mit der doppelten Menge Wasser 15 Minuten kochen, dann abgießen und abtropfen lassen. Kichererbsen aus der Dose abgießen und abtropfen lassen.
2 Knoblauch und Salbei hacken. Den geräucherten Tofu in kleine Würfel oder Streifchen schneiden. Die Tomate kreuzweise einritzen, mit kochendem Wasser übergießen, häuten und würfeln.
3 Das Olivenöl in einer Pfanne erhitzen, Knoblauch und Tofu darin leicht anrösten, den Salbei und die Tomatenwürfel daruntermischen. Kräftig mit Salz und Pfeffer abschmecken. Eventuell noch etwas Wasser zufügen. Die Kichererbsen dazugeben und nochmals abschmecken.

Tofu mit Pak Choi, Paprika und schwarzen Bohnen (E)

1 Knoblauchzehe
1 TL Zucker
1 EL Sojasauce
Salz
1 Spritzer Weißwein
1 TL Sesamöl
100 g Tofu
200 g Pak Choi (ersatzweise Krautstiel oder Lattich)
½ rote Paprikaschote
1 EL Kokosfett
1 TL fein gehackter Ingwer
50 ml Gemüsebouillon
1 EL schwarze Bohnen (aus der Dose)
1 Frühlingszwiebel

1 Den Knoblauch pressen. In einer Schüssel Zucker, Sojasauce, Knoblauch, Salz, Weißwein und Sesamöl mischen. Den Tofu grob würfeln, in die Schüssel zur Marinade geben, gut umrühren und einige Zeit marinieren lassen.

2 Die Blätter und die weißen Stiele des Pak Choi separat in Streifen schneiden. Die Paprikaschote aufschneiden, entkernen und ebenfalls in Streifen schneiden. Das Kokosfett in einer großen Bratpfanne oder im Wok erhitzen, den Ingwer kurz darin rührbraten. Dann nacheinander die Pak-Choi-Stiele und nach circa 2 Minuten die Pak-Choi-Blätter sowie die Paprikastreifen dazugeben. Zuletzt den marinierten Tofu hinzufügen und gut umrühren. Die Gemüsebouillon angießen und alles 1 Minute köcheln lassen.

3 In der Zwischenzeit die Bohnen abgießen und abtropfen lassen. Die Frühlingszwiebel fein schneiden. Beides zum Pak Choi in die Pfanne geben. Den Rest der Marinade hinzufügen und mit Salz abschmecken.

Fenchel-Kartoffel-Püree (K)

200 g Fenchel mit Kraut
2 EL Milch
2 EL Vollrahm (Sahne)
1 TL Butter
1 TL Pernod
2 kleine Kartoffeln
Salz, weißer Pfeffer aus der Mühle
kalt gepresstes Olivenöl
etwas Dill oder Fenchelkraut

1 Den Fenchel grob würfeln; das Kraut zum Garnieren beiseitelegen. Milch, Rahm und Butter aufkochen und den Fenchel darin circa 30 Minuten sehr weich kochen. Zusammen mit dem Pernod zu einem feinen Püree mixen.
2 Die Kartoffeln gründlich waschen, dann über Dampf weich kochen, schälen und mit dem Kartoffelstampfer oder Passevite (Passiergerät) in eine große Pfanne drücken. Das Fenchelpüree hinzufügen, salzen und pfeffern.
3 Das Püree auf einen Teller oder eine Platte geben, mit etwas Olivenöl beträufeln und mit Dill oder Fenchelkraut garnieren.

Gefüllter Kartoffel-Käse-Kuchen (K)

200 g Kartoffeln
1 Frühlingszwiebel
Salz, Pfeffer aus der Mühle, Muskatnuss
50 g Gruyère
1 EL Olivenöl

1 Die Kartoffeln gründlich waschen und bürsten und auf einer Röstiraffel oder Gemüsereibe raffeln. Den weißen und hellgrünen Teil der Frühlingszwiebel fein hacken, die grünen Röhrchen in kleine Röllchen schneiden. Die gehackte Frühlingszwiebel mit den geraffelten Kartoffeln vermischen und pikant mit Salz, Pfeffer und Muskatnuss würzen.
2 Den Käse grob raffeln.
3 Das Olivenöl in einer Bratpfanne erhitzen, die Hälfte der Kartoffelmasse hineingeben und flach drücken. Die Frühlingszwiebelröllchen und den Käse auf dem Kartoffelfladen verteilen. Mit dem Rest der Kartoffelmasse bedecken und wieder gut flach drücken. Den Kartoffelkuchen bei mittlerer Hitze zugedeckt 15 Minuten backen. Dann den Kuchen mithilfe eines flachen Pfannendeckels umdrehen und auf der zweiten Seite ebenfalls 15 Minuten fertig backen.

Tipp: Zusammen mit einem gemischten Salat oder einer Gemüsesuppe ist dies eine wunderbar basische und schnell zubereitete Mahlzeit.

Kartoffel-Gemüse-Küchlein (K)

2 kleine Kartoffeln
1 kleine, junge Karotte
1 kleines Stück Paprikaschote
½ kleine Zwiebel
1 mittelgroße Zucchini
1 Ei
1 EL Vollkornmehl
fein geschnittene Kräuter, z. B. Schnittlauch, Basilikum, Thymian
Salz, Pfeffer aus der Mühle
Kokosfett oder Öl-Butter-Mischung zum Braten

1 Die Kartoffeln und die Karotte gründlich waschen und bürsten. Die Paprikaschote entkernen. Kartoffeln, Karotte, Paprika, Zwiebel und Zucchini grob raffeln und dann sofort mit allen übrigen Zutaten vermischen.
2 In einer Bratpfanne das Fett erhitzen. Löffelweise kleine Häufchen der Kartoffelmasse hineingeben und flach drücken. Die Küchlein sollten nicht dicker als 1 cm sein. Bei mittlerer Hitze auf beiden Seiten knusprig ausbacken.

Tipps: Man kann zusätzlich ein kleines Stück in feine Streifen geschnittenen Lauch für die Küchlein verwenden.
Dazu passen Blattsalat und Kräuterquark aus Quark, fein geschnittenen Kräutern und etwas Salz.

Kartoffelgratin mit Pilzen und Spinat (K)

2 kleine Kartoffeln
100 g Pilze, z. B. Austernpilze, Shiitake oder Champignons
1 kleine Zwiebel
1 Knoblauchzehe
1 EL Olivenöl
50 g Sauerrahm (saure Sahne)
etwas fein gehacktes Estragon oder fein gehackte Petersilie
Salz, weißer Pfeffer aus der Mühle, Muskatnuss

200 g frischer Spinat oder 100 g Tiefkühlspinat
Reibkäse
Butter für die Gratinform

1 Die Kartoffeln gründlich waschen, bürsten und über Dampf weich kochen.
2 Den Backofen auf 180 Grad vorheizen.
3 Die Pilze feucht abreiben. Die Zwiebel fein hacken, den Knoblauch pressen. Die Pilze zusammen mit Zwiebel und Knoblauch im Olivenöl weich dünsten. Sauerrahm und Kräuter zufügen und kräftig mit Salz und Pfeffer abschmecken.
4 Den frischen Spinat gründlich waschen und über Dampf zusammenfallen lassen. Tiefgekühlten Spinat nach Packungsanweisung auftauen. Dann den Spinat ausdrücken und mit Salz, Pfeffer und etwas Muskatnuss würzen. Den Spinat in einer ausgebutterten Gratinform verteilen, die gekochten Kartoffeln in Scheiben schneiden und ebenfalls in der Form verteilen. Die Pilze darübergeben und alles mit Reibkäse bestreuen. Im vorgeheizten Backofen 20 Minuten überbacken.

Gefüllte Kartoffeln mit Ziegenkäse (K)

1 sehr große längliche Kartoffel

Füllung:
½ Schalotte
½ Knoblauchzehe
1 EL Olivenöl
1 kleines Stück Broccoli
50 g Pilze, z. B. Eierschwämmli, Champignons
4 Cherrytomaten
50 ml Vollrahm (Sahne)
Salz, Pfeffer aus der Mühle
50 g Ziegenkäse
1 EL Sonnenblumenkerne oder Sesam
Petersilie zum Garnieren

1 Die Kartoffel gründlich waschen und bürsten und über Dampf weich kochen.

2 Für die Füllung Schalotte und Knoblauch fein hacken und im Olivenöl andünsten. Den Broccoli in kleine Röschen zerteilen. Die Pilze feucht abreiben. Die Tomaten waschen, den Stielansatz entfernen, die Tomaten halbieren oder vierteln. Broccoli, Pilze, Tomaten und Rahm zu Schalotte und Knoblauch in die Pfanne geben und das Gemüse knackig weich garen.

3 Den Backofengrill vorheizen.

4 Die Kartoffel halbieren und mit einem Löffel das weiche Innere herauslöffeln, sodass die Kartoffel ihre Form behält. Die Kartoffelmasse zur Gemüse-Rahm-Mischung geben und alles mit Salz und Pfeffer würzen.

5 Die ausgehöhlten Kartoffeln auf ein Stück Alufolie geben und mit der Füllung füllen. Den Ziegenkäse klein würfeln und mit den Sonnenblumenkernen oder dem Sesam über die Kartoffelhälften streuen. Die Kartoffeln kurz unter dem Backofengrill (oder bei großer Oberhitze) überbacken. Mit Petersilie garnieren.

6 Dazu passt ein feiner Rucolasalat mit Olivenöl und Balsamicoessig.

Kartoffel-Kohlrabi-Gratin (K)

2 kleine Kartoffeln
1 Kohlrabi
1 kleine feste Birne
Salz, schwarzer Pfeffer aus der Mühle, Muskatnuss
1 Knoblauchzehe
50 g Vollrahm (Sahne)
50 ml Weißwein
50 ml Wasser
1 EL grob gehackte Haselnüsse
Butter für die Form

1 Den Backofen auf 200 Grad vorheizen.
2 Die Kartoffeln schälen und in feine Scheiben schneiden. Den Kohlrabi schälen und ebenfalls in feine Scheiben schneiden. Die Birne entkernen und in dünne Spalten schneiden. Kartoffeln, Kohlrabi und Birne in eine gebutterte Auflaufform schichten. Dabei die einzelnen Lagen salzen, pfeffern und mit etwas Muskatnuss bestreuen.
3 Den Knoblauch pressen. Rahm, Weißwein und Wasser mit dem Knoblauch vermischen, mit den Gewürzen abschmecken und über das Gemüse geben. Im vorgeheizten Backofen 40–50 Minuten backen. Dann den Ofen auf größte Oberhitze umstellen, den Gratin mit den Haselnüssen bestreuen und weitere 5 Minuten überbacken.

Kartoffelstock mit getrockneten Tomaten (K)

2 Kartoffeln
1 Schalotte
1 Knoblauchzehe
2 getrocknete Tomaten
2 schwarze Oliven
Olivenöl
1 EL Pinienkerne oder Kürbiskerne
2 grob gehackte Basilikumblätter
schwarzer Pfeffer aus der Mühle, Salz nach Belieben

1 Die Kartoffeln schälen und über Dampf sehr weich kochen.
2 Die Schalotte in feine Ringe, den Knoblauch in dünne Scheiben schneiden. Die getrockneten Tomaten fein hacken. Die Oliven entsteinen und hacken.
3 Schalotte und Knoblauch in etwas Olivenöl andünsten. Die Pinien- oder Kürbiskerne zugeben und mitdünsten. Dann die getrockneten Tomaten, die Oliven und das klein gehackte Basilikum beifügen. Warm halten.
4 Die Kartoffeln durch eine Kartoffelpresse drücken und mit der Schalotten-Tomaten-Mischung gründlich mischen. Mit schwarzem Pfeffer und eventuell noch wenig Salz abschmecken.

Kartoffelpizza (K)

Für 1 rundes kleines Backblech

250 g Kartoffeln
50 ml Vollrahm (Sahne)
1 Eigelb
Oregano, frisch oder getrocknet
Salz, schwarzer Pfeffer aus der Mühle
1 Tomate
½ Mozzarella
schwarze Oliven oder Kapern nach Belieben
Olivenöl zum Beträufeln
Butter für die Backform

1 Den Backofen auf 200 Grad vorheizen.

2 Die Kartoffeln gründlich waschen und bürsten. Rahm und Eigelb gut miteinander verrühren. Die Kartoffeln auf einer groben oder einer feinen Raffel direkt in die Rahmmischung raspeln. Den Oregano dazugeben und kräftig mit Salz und Pfeffer würzen. Die Kartoffelmischung in eine gut gebutterte Form geben und zugedeckt im vorgeheizten Backofen etwa 45 Minuten backen.

3 In der Zwischenzeit die Tomate vom Stielansatz befreien und klein würfeln. Den Mozzarella ebenfalls klein würfeln. Den Gratin mit Tomatenwürfeln, Mozzarellawürfeln und nach Belieben Oliven oder Kapern belegen. Mit Salz und Pfeffer würzen, mit etwas Olivenöl beträufeln und offen im Ofen nochmals 15–20 Minuten überbacken.

Camargue-Reis mit Erbsen und Kräutern (K)

50 g Camargue-Reis (roter Vollreis)
200 ml Wasser
1 Knoblauchzehe
1 Frühlingszwiebel
1 EL Olivenöl
1 Lorbeerblatt
je ½ TL frischer Thymian, frischer Majoran, frisches Basilikum
100 ml Gemüsebouillon
100 g Tiefkühlerbsen
Salz, Pfeffer aus der Mühle nach Belieben

1 Den Reis mit dem Wasser im Dampfkochtopf 10 Minuten garen oder 30 Minuten zugedeckt in einem Kochtopf.
2 Den Knoblauch hacken. Den weißen und hellgrünen Teil der Frühlingszwiebel fein hacken, die dunkelgrünen Röhrchen beiseitelegen. Das Olivenöl in einer großen, weiten Pfanne erhitzen, den Knoblauch und die gehackte Frühlingszwiebel darin andünsten. Lorbeerblatt, Kräuter und Gemüsebouillon zufügen und alles bei kleiner Hitze weich köcheln. Dann die Erbsen dazugeben. Eventuell mit Salz und Pfeffer nachwürzen. Den gegarten Reis abgießen, abtropfen lassen und untermischen, nochmals nachsalzen.
3 Die Frühlingszwiebelröhrchen in feine Röllchen schneiden und über das Gericht streuen.

Nasi Goreng, Gebratener Reis (K)

50 g Vollreis
1 kleine Knoblauchzehe
100 g Lauch
1 Frühlingszwiebel
100 g Karotten oder Paprikaschote
1 TL Kokosfett
1 TL Sojasauce
½ TL Sambal Oelek
Salz
2 Eier
Bratbutter
½ Salatgurke

1 Den Reis nach Packungsanweisung gar kochen, abgießen und abtropfen lassen.
2 Den Knoblauch pressen. Den Lauch in Streifen, die Frühlingszwiebel in Röllchen schneiden. Die Karotten schälen und in Streifen schneiden oder Paprikaschote aufschneiden, entkernen und ebenfalls in Streifen schneiden. Das Kokosfett erhitzen und das Gemüse darin anbraten, den gekochten Reis zugeben und kurz mitbraten. Mit Sojasauce und Sambal Oelek abschmecken, dann salzen.
3 Aus den Eiern in der Bratbutter 2 Spiegeleier braten. Die Salatgurke gründlich waschen und in dicke Scheiben schneiden.
4 Den gebratenen Reis auf einen Teller geben. Die Spiegeleier darauf anrichten. Mit den Gurkenscheiben dekorieren.

Curryreis mit gedämpftem Chicorée und Joghurtsauce (K)

50 g Vollkornreis
200 ml Wasser
je 1 TL Sultaninen und Korinthen
je ¼ rote und grüne Paprikaschote
½ Bund Petersilie oder Koriander
1 EL Butter oder Kokosfett
1 EL Mandelsplitter
Salz, Pfeffer aus der Mühle
1–2 TL Currypulver (je nach gewünschter Schärfe)

Chicorée-Gemüse:
2 Stauden Chicorée
etwas Zitronensaft
Salz

Sauce:
100 g Joghurt nature oder nordische Sauermilch (Schwedenmilch)
etwas abgeriebene Zitronenschale
Salz, Pfeffer aus der Mühle

1 Den Reis gründlich waschen und mit dem Wasser im Dampfkochtopf weich kochen. Abgießen und abtropfen lassen.
2 Die Sultaninen und Korinthen in Wasser einweichen. Die Paprikaschoten aufschneiden, entkernen und sehr fein würfeln. Petersilie oder Koriander fein hacken. Die Sultaninen und Korinthen abgießen und abtropfen lassen. In einer großen Pfanne die Butter oder das Kokosfett erhitzen und alle Zutaten außer der Petersilie darin gut durchdünsten. Den abgetropften Reis zugeben. Alles gut vermischen und nochmals mit Salz und Pfeffer abschmecken.
3 Den Strunk der Chicoréestauden entfernen, den Chicorée längs halbieren und über Dampf weich kochen. Mit etwas Zitronensaft beträufeln und salzen.
4 Für die Sauce alle Zutaten miteinander mischen und so lange rühren, bis der Joghurt etwas flüssiger geworden ist.
5 Den Reis mit dem Chicorée und der Sauce anrichten und alles mit Petersilie oder Koriander bestreuen.

Linsen-Reis-Kedgeree (K)

Ein wunderbar würziger indischer Reis

1 kleines Stück frischer Ingwer, geschält
½ Zwiebel
1 Knoblauchzehe
1 EL Kokosfett
1 TL scharfes indisches Currypulver
je 1 Prise Kurkuma (Gelbwurz) und Kreuzkümmelpulver (Cumin)
1 Msp. Sambal Oelek oder 1 kleine entkernte, fein gehackte Chilischote
50 g Vollkornreis
50 g braune oder grüne Linsen
Salz

Zum Garnieren:
1 hart gekochtes Ei
½ Banane
Mandelstifte
Butter zum Rösten
Petersilien- oder Korianderblättchen

1 Ingwer und Zwiebel fein hacken, den Knoblauch pressen. Das Kokosfett in einer großen Pfanne erhitzen, die Gewürze zugeben und kurz andämpfen. Ingwer, Zwiebel und Knoblauch beifügen und kurz mitdämpfen. Den Reis dazugeben und so viel Wasser angießen, bis der Reis etwa 1 cm hoch mit Wasser bedeckt ist. Zudecken und 20 Minuten köcheln lassen. Dann die braunen Linsen zugeben und Wasser nachgießen. Wieder zudecken und fertig kochen (grüne Linsen erst nach 30 Minuten zugeben). Vollkornreis braucht total 40 Minuten Garzeit.

2 Das Ei schälen und vierteln, die Banane schälen und schräg in dicke Scheiben schneiden. Die Mandelstifte in etwas Butter rösten.

3 Das Kedgeree mit Salz abschmecken und auf einen Teller geben. Mit den Eivierteln und den Bananenscheiben garnieren. Mit den gerösteten Mandelstiften bestreuen und Petersilien- oder Korianderblättchen darüberstreuen.

Risotto al Cicorino rosso (K)

Achtung: Etwas bitter, aber wunderbar!

50 g Vollkornreis
150 ml Wasser
100 g Cicorino rosso (roter Chicorée)
1 EL Olivenöl
1 kleine Knoblauchzehe
ein paar Tropfen Zitronensaft
100 ml Gemüsebouillon
1 Spritzer Weißwein
40 g geriebener Parmesan
Salz, schwarzer Pfeffer aus der Mühle

1 Den Reis am besten schon morgens mit dem Wasser aufkochen, zudecken und ausquellen lassen (oder mit 200 ml Wasser im Dampfkochtopf 15 Minuten garen).

2 Den Cicorino in 1 cm breite Streifen schneiden. Das Olivenöl in einer großen Pfanne erhitzen, den Cicorino zugeben und unter ständigem Rühren bei großer Hitze 2–3 Minuten braten. Den Knoblauch dazupressen, den Zitronensaft beifügen und gut vermischen.

3 Den Reis abgießen, abtropfen lassen und unter den Cicorino mischen. Gemüsebouillon und Weißwein dazugeben und bei kleiner Hitze 1–2 Minuten köcheln lassen. Den Parmesan unterziehen und alles mit Salz und Pfeffer abschmecken.

4 Zu einem Salat- oder Gemüseteller servieren.

Champagnerrisotto (K)

50 g Vollreis
100 ml Wasser
½ Zwiebel
1 TL Butter oder Kokosfett
etwas Gemüsebouillon
Salz, weißer Pfeffer aus der Mühle
100 ml Champagner
50 ml Vollrahm (Sahne)
2 EL frisch geriebener Parmesan
1 TL eiskalte Butter

1 Den Reis mit dem Wasser im Dampfkochtopf weich kochen.
2 Die Zwiebel sehr fein hacken und in der Butter oder dem Kokosfett weich dünsten. Mit Gemüsebouillon ablöschen. Den Reis abgießen, abtropfen lassen, dazugeben, salzen und gut mischen. Den Champagner dazugießen und so lange köcheln, bis der Reis cremig weich ist – er sollte immer in etwas Flüssigkeit liegen. Eventuell noch etwas Champagner nachgießen.
3 Den Rahm und dann den Parmesan darunterziehen und alles nochmals gut mit Salz und Pfeffer abschmecken. Vom Herd nehmen und die eiskalte Butter unterziehen.

Tipp: Dazu passt Gemüse.

Delikater Mischreis (K)

Ergibt 2 Portionen

50 g Wildreis
100 g Vollkornreis
50 ml Weißwein
200 ml Gemüsebouillon
1 TL getrocknete Kräuter der Provence
Salz, Pfeffer aus der Mühle
1 EL Butter

1 Alle Zutaten außer der Butter im Dampfkochtopf 15 Minuten kochen. Den Reis mit Salz und Pfeffer abschmecken und mit der Butter verfeinern.

Tipp: Für die erste Mahlzeit nur die Hälfte davon essen und den Rest im Kühlschrank aufbewahren.

Bami Goreng, Gebackene Nudeln mit Gemüse (K)

50 g feine Nudeln,
möglichst Vollkorn-
Salz
1 Zwiebel
1 Knoblauchzehe
1 kleine Stange Lauch
1 Karotte
¼ Chinakohl
100 g Sojabohnensprossen
1 EL Kokosfett
½ TL Sambal Oelek oder
1 kleine rote Chilischote,
entkernt und in feine Ringe
geschnitten
1 TL Mah-Mee-Gewürzmischung
oder Sojasauce
2 Eier
Butter zum Braten

1 Die Nudeln nach Packungsanweisung in Salzwasser al dente kochen, abschütten, mit kaltem Wasser überbrausen und gut abtropfen lassen.

2 Die Zwiebel längs in Streifen schneiden, den Knoblauch grob hacken. Den Lauch längs halbieren, gründlich waschen und in ½ cm dicke Streifen schneiden. Die Karotte schälen und in streichholzdünne Streifen schneiden. Den Chinakohl in Streifen schneiden. Die Bohnensprossen abbrausen und abtropfen lassen.

3 Das Kokosfett in einer großen Bratpfanne oder im Wok erhitzen. Zwiebel, Knoblauch und Lauch anbraten. Dann das übrige Gemüse hinzufügen und kurz durchbraten; das Gemüse sollte noch knackig sein. Die gegarten Nudeln zufügen und mit Sambal Oelek oder Chilischote, Mah-Mee-Gewürzmischung oder Sojasauce und Salz abschmecken.

4 Aus den Eiern in etwas heißer Butter Spiegeleier braten und auf das angerichtete Bami Goreng legen.

Tipp: Statt des hier angegebenen Gemüses kann man auch die praktischen fertigen Gemüsemischungen verwenden, zum Beispiel eine China-Mischung.

Gemüse-Nudel-Gratin (K)

50 g Vollkorn-Teigwaren
(z. B. Spiralnudeln, Penne)
¼ Zwiebel
3 Champignons
¼ Paprikaschote
½ Tomate
2 EL Tiefkühlerbsen
2 EL Maiskörner (tiefgekühlt
oder aus der Dose)
1 Ei
100 g Sauerrahm (saure Sahne)
Salz, Pfeffer aus der Mühle,
Paprikapulver
frische fein gehackte Kräuter
nach Belieben
wenig Reibkäse zum Bestreuen
Butter für die Gratinform

1 Die Teigwaren nach Packungsanweisung al dente kochen, abgießen und gut abtropfen lassen.
2 Den Backofen auf 200 Grad vorheizen.
3 Die Zwiebel fein hacken. Die Champignons feucht abreiben und je nach Größe halbieren oder vierteln. Die Paprikaschote aufschneiden, entkernen und in kleine Würfelchen schneiden. Den Stielansatz der Tomate entfernen und das Fruchtfleisch ebenfalls klein würfeln.
4 Eine Gratinform gut ausbuttern, die Teigwaren und sämtliche Gemüse hineingeben und gut mischen.
5 Das Ei mit dem Rahm verschlagen, kräftig mit Salz, Pfeffer, Paprika und den Kräutern würzen und über die Teigwaren-Gemüse-Mischung verteilen. Mit dem Reibkäse bestreuen und den Gratin im vorgeheizten Backofen etwa 30 Minuten überbacken.

Nudeln mit Cashews und Lauch (K)

50 g Vollkornnudeln
Salz, Pfeffer aus der Mühle
1 kleine Chilischote oder 1 Msp.
Sambal Oelek
1 Knoblauchzehe
30 g Cashewkerne
3 Cherrytomaten
150 g Lauch
1 EL Kokosfett
wenig fein gehackte Petersilie

1 Die Nudeln in Salzwasser al dente kochen, dann abgießen und abtropfen lassen.
2 Falls verwendet die Chilischote längs halbieren, entkernen und fein hacken. Den Knoblauch fein hacken. Die Cashewkerne halbieren. Die Cherrytomaten vierteln.
3 Den Lauch in Streifen schneiden und im Kokosfett weich dünsten. Chili oder Sambal Oelek, Knoblauch und Cashewkerne dazugeben und gut braten. Dann die Nudeln und die Cherrytomaten zugeben und gut vermischen. Zum Schluss die fein gehackte Petersilie beifügen und mit Salz und Pfeffer nachwürzen.

Spiralnudeln mit Gemüse an Knoblauchsauce (K)

150 g Broccoli
150 g grüne Bohnen
Salz, schwarzer Pfeffer aus der Mühle
50 g Vollkorn-Spiralnudeln
Butter für die Gratinform

Sauce:

1 große Knoblauchzehe
½ grüne oder rote Peperoncini nach Belieben
2 getrocknete, in Olivenöl eingelegte Tomaten
Olivenöl
1 EL Pinienkerne
1 EL frisch geriebener Parmesan

1 Den Broccoli in kleine Röschen zerteilen. Die Bohnen falls nötig entfädeln und schräg in 3 cm lange Stücke schneiden. Das vorbereitete Gemüse über Dampf weich kochen. Abtropfen, leicht salzen.

2 Die Nudeln in Salzwasser weich kochen. Dann abgießen, abtropfen lassen und mit dem Gemüse vermischen.

3 Für die Sauce den Knoblauch fein hacken. Falls verwendet Peperoncini entkernen und ebenfalls fein hacken.
Die getrockneten Tomaten abtropfen lassen und grob hacken. Etwas Olivenöl erhitzen und Knoblauch, Peperoncini und die Tomaten darin langsam braten, dann über den Nudeln verteilen.

4 Die Pinienkerne in einer Pfanne ohne Fett anrösten und zusammen mit dem geriebenen Parmesan und schwarzem Pfeffer über den Nudeln verteilen. Zum Schluss das Ganze mit 1 EL Olivenöl beträufeln.

Lasagne mit Broccoli-Ricotta-Füllung (K)

100 g frischer Spinat (oder wenig Tiefkühlspinat)
1 EL Baumnusskerne (Walnüsse)
1 kleine Knoblauchzehe
100 g Ricotta oder 150 g Quark
je 1 TL fein gehackter Majoran und Thymian (oder italienische Kräutermischung)
2 EL frisch geriebener Parmesan
Salz, Pfeffer aus der Mühle, Muskatnuss
150 g Broccoli
ein paar Cherrytomaten
3 Lasagneblätter, vorgekocht
2 EL frisch geriebener Gruyère

Béchamelsauce

1 EL Mehl (möglichst Vollkornmehl)
200 ml Milch
Salz, Pfeffer aus der Mühle, Muskatnuss

1 Die Spinatblätter gründlich waschen und über Dampf oder in einer Pfanne ohne Wasser kurz zusammenfallen lassen. Etwas erkalten lassen, dann gut ausdrücken und hacken. Tiefkühlspinat auftauen lassen und ebenfalls hacken.
2 Die Baumnüsse fein hacken. Den Knoblauch pressen. Den gehackten Spinat mit dem Ricotta oder dem gut abgetropften Quark, den Kräutern, den gehackten Nüssen, dem Knoblauch und dem geriebenen Parmesan vermischen. Kräftig mit Salz, Pfeffer und Muskatnuss abschmecken.
3 Den Backofen auf 180 Grad vorheizen.
4 Den Broccoli in kleine Röschen zerpflücken und über Dampf weich kochen. Die Tomaten vierteln.
5 Für die Sauce das Mehl mit der Milch in einem Topf mit dem Schneebesen gut vermischen und 5 Minuten köcheln lassen. Mit Salz, Pfeffer und Muskatnuss abschmecken.
6 Die Lasagne in eine Gratinform einschichten: zuerst etwas Béchamelsauce, dann eine Lage Lasagneblätter, anschließend eine Schicht Ricottafüllung, dann wieder Sauce usw. Die oberste Schicht bilden Broccoli und Cherrytomaten. Alles mit der restlichen Sauce übergießen und mit Gruyère bestreuen. Die Lasagne etwa 30 Minuten im vorgeheizten Backofen backen.

Kürbisfüllung: Statt Spinat und Broccoli ca. 200 g klein gewürfelten Kürbis verwenden.

Pilzfüllung: Statt Spinat und Broccoli 200 g frische, in dicke Scheiben geschnittene Pilze verwenden. Ein paar Tropfen Zitronensaft über die gebratenen Pilze träufeln.

Käse-Zucchini-Füllung: 3 verschiedene Käsesorten (Pecorino, Quark, Taleggio) und gebratene Zucchinischeiben verwenden.

Mozzarella-Pilz-Chicorée-Füllung: Pilzscheiben und fein geschnittenen roten Chicorée als Gemüse nehmen und mit Würfelchen von geräuchertem Mozzarella würzen.

Tipp: Wenn man vorgekochte Lasagneblätter verwendet, ist diese Lasagne im Nu zubereitet und lohnt sich auch für nur 1 Person!

Zitronennudeln mit Ricotta und Spinat (K)

50 ml Gemüsebouillon
50 ml Vollrahm (Sahne)
100 g Ricotta
1 kleine Knoblauchzehe
Salz, Pfeffer aus der Mühle
100 g Champignons
½ unbehandelte Zitrone
50 g Vollkornnudeln
100 g frischer Spinat
3 Basilikumblättchen, in Streifchen geschnitten

1 Gemüsebouillon, Rahm und Ricotta mixen und in einen Topf geben. Den Knoblauch dazupressen und die Ricottamischung mit Salz und Pfeffer abschmecken.
2 Die Champignons feucht abreiben und blättrig schneiden. Die Zitrone heiß abwaschen und die Schale abreiben. Champignons und Zitronenschale zur Ricottamischung geben und das Ganze bei kleinster Hitze köcheln lassen.
3 Die Nudeln in Salzwasser al dente kochen.
4 In der Zwischenzeit den Spinat gründlich waschen und in der letzten Minute zu den Nudeln geben. Nochmals aufwallen lassen und dann alles zusammen abschütten.
5 Die Spinat-Nudel-Mischung auf einen Teller geben, die Ricottasauce darübergeben und mit den Basilikumstreifen bestreuen.

Nudeln mit chinesischem Gemüse (K)

250 g Tiefkühlmischung chinesisches Gemüse
50 g feine Vollkornnudeln
Salz
1 Frühlingszwiebel
1 Knoblauchzehe
etwas frischer Ingwer
1 TL Kokosfett
1 TL Sojasauce
ein paar Tropfen Zitronen- oder Limettensaft
1 TL geröstetes Sesamöl
½ TL Sambal Oelek

1 Die Gemüsemischung auftauen lassen. Die Vollkornnudeln in Salzwasser al dente kochen, dann abgießen und sofort kalt abspülen.
2 Den weißen und hellgrünen Teil der Frühlingszwiebel in Streifchen, den dunkelgrünen Teil in Röllchen schneiden. Knoblauch und Ingwer schälen und fein hacken.
3 Eine Bratpfanne erhitzen, das Kokosfett zugeben und sofort das Chinagemüse und die gehackten Frühlingszwiebeln zufügen. Unter ständigem Rühren etwa 1 Minute braten. Anschließend Knoblauch und Ingwer dazugeben. Mit 1 EL Wasser ablöschen und weiterbraten, bis das Gemüse knackig weich ist. Die gekochten Nudeln, Sojasauce, Zitronen- oder Limettensaft, geröstetes Sesamöl und Sambal Oelek beifügen. Eventuell mit Salz abschmecken.
4 Die Gemüsenudeln auf einen Teller geben und mit den Frühlingszwiebelröllchen bestreuen.

Tipp: Zu diesen Gemüsenudeln passt ein Spiegelei hervorragend.

Nudeln mit grünem Spargel und Kräuterfrischkäse (K)

- 200 g grüner Spargel
- 50 ml Wasser
- 50 ml Weißwein
- Salz, schwarzer Pfeffer aus der Mühle
- 50 g feine Soja-Vollkornnudeln
- 2 EL Kräuter-Boursin (oder anderer Kräuter-Knoblauch-Frischkäse)

1 Die holzigen Enden des Spargels wegschneiden und die Stangen schräg in ganz dünne Scheiben schneiden.
2 Wasser und Weißwein mit etwas Salz zum Kochen bringen. Die Nudeln und den Spargel zugeben und circa 5 Minuten kochen. In ein Sieb abgießen, dabei etwas Kochflüssigkeit auffangen.
3 Die Nudeln mit dem Spargel wieder in den Topf zurückgeben, den Käse und etwas Kochflüssigkeit darunterziehen. Eventuell mit Salz und schwarzem Pfeffer abschmecken.

Pasta mit Champignons und Ziegenkäse (K)

- 50 g Vollkorn-Teigwaren (z. B. Penne)
- Salz, Pfeffer aus der Mühle
- 1 kleine Zwiebel
- 100 g Champignons
- 1 EL Olivenöl
- 50 g Tiefkühlerbsen
- 50 g Ziegenkäse, reif, oder Frischkäse

1 Die Pasta in Salzwasser al dente kochen, dann abgießen und abtropfen lassen.
2 Die Zwiebel hacken. Die Champignons feucht abreiben und vierteln. Das Olivenöl erhitzen und Zwiebel, Champignons und Tiefkühlerbsen darin 5 Minuten dünsten. Die Pasta dazugeben und gut untermischen.
3 Die Pasta auf Teller geben und den Ziegenkäse darüberreiben (bei reifem Käse) oder darüber zerbröckeln (bei Frischkäse).

Pasta mit Zucchini und weißen Bohnen (K)

60 g weiße getrocknete Bohnen oder 2 EL aus der Dose
50 g Spaghetti
Salz, Pfeffer aus der Mühle
½ Knoblauchzehe
100 g Zucchini
1 getrocknete, in Öl eingelegte Tomate (aus dem Glas)
Olivenöl
50 ml Gemüsebouillon
½ Bund frisches Basilikum
1 EL geriebener Parmesan

1 Die getrockneten weißen Bohnen einen Tag einweichen, dann nach Packungsanleitung weich kochen, abgießen und abtropfen lassen. Bohnen aus der Dose abgießen und abtropfen lassen.
2 Die Spaghetti in Salzwasser weich kochen, dann abgießen und abtropfen lassen.
3 Den Knoblauch fein hacken. Die Zucchini in Scheiben schneiden. Die getrocknete Tomate abtropfen lassen und klein schneiden.
4 In einer weiten Pfanne Olivenöl erhitzen und den Knoblauch darin kurz andünsten. Die weißen Bohnen, die Zucchini und die Tomate zugeben, gut umrühren und mit der Bouillon ablöschen. 5 Minuten dünsten, bis die Zucchini knackig weich sind. Gut mit Salz und Pfeffer abschmecken. Das Basilikum in Streifen schneiden und zugeben.
5 Zum Schluss die abgetropften Spaghetti mit dem Gemüse mischen und etwas Olivenöl darüberträufeln.
6 Nach Belieben mit Parmesan bestreuen.

Penne-Zucchini-Carbonara (K)

60 g Penne
Salz, schwarzer Pfeffer aus der Mühle
1 mittelgroße grüne oder gelbe Zucchini
Olivenöl
1 Eigelb
1 EL Vollrahm (Sahne)
1–2 EL geriebener Parmesan oder anderer Reibkäse

1 Die Penne in Salzwasser al dente kochen, dann abgießen und abtropfen lassen.
2 Die Zucchini längs halbieren und dann in etwa 4 mm dicke Scheiben schneiden. In etwas Olivenöl knackig braten. Die abgetropften Penne hinzufügen und die Bratpfanne vom Herd nehmen.
3 Das Eigelb mit dem Rahm verrühren und über die Penne-Zucchini-Mischung geben. Den Parmesan oder Reibkäse darunterrühren und alles kräftig mit Salz und Pfeffer abschmecken.

Ravioli mit grünen Bohnen (K)

150 g grüne Bohnen, gekocht (oder anderer Gemüserest)
1 Knoblauchzehe
2 EL Olivenöl
Salz, Pfeffer aus der Mühle
150 g Ravioli, mit Ricotta gefüllt (aus dem Kühlregal)
frisch geschnittene Petersilie
frisch geriebener Parmesan

1 Die Bohnen in 3–4 cm lange Stücke schneiden. Den Knoblauch fein hacken oder pressen. In einer Bratpfanne 1 EL Olivenöl erhitzen und den Knoblauch kurz braten. Die Bohnen beigeben und kurz mitbraten. Salzen und pfeffern.
2 Die Ravioli nach Packungsanleitung in Salzwasser al dente kochen. Abschütten, zu den Bohnen in die Pfanne geben und gut durchmischen.
Ravioli und Bohnen auf einen Teller geben, mit 1 EL Olivenöl beträufeln und mit Parmesan sowie Petersilie bestreuen.

Tipp: Ravioli gemischt mit grünen Bohnen sind vielleicht etwas ungewöhnlich, sie ergeben zusammen aber ein richtig saftiges, schmackhaftes Gericht. Sie können dafür auch beliebige andere Gemüsereste verwenden.

Penne all'arrabiata (K)

50 g Vollkorn-Penne
Salz, schwarzer Pfeffer aus der Mühle
1 kleine Knoblauchzehe
½ Zwiebel
1 Tomate
¼ Paprikaschote
Olivenöl
1 Aubergine
2 schwarze Oliven
1 Msp. Sambal Oelek oder wenig fein gehackte Chilischote
1 EL geriebener Parmesan
ein paar Basilikumblätter, in Streifchen geschnitten

1 Die Vollkorn-Penne in Salzwasser al dente kochen, dann abgießen und abtropfen lassen.
2 Knoblauch und Zwiebel fein hacken. Den Stielansatz der Tomate entfernen und das Fruchtfleisch klein würfeln.
Die Paprikaschote aufschneiden, entkernen und ebenfalls klein würfeln. Olivenöl erhitzen und zuerst Knoblauch und Zwiebel darin andünsten, dann die Tomaten- und Paprikawürfel zugeben und ohne Deckel 10 Minuten bei kleiner Hitze köcheln lassen.
3 Die Aubergine klein würfeln. Die schwarzen Oliven entsteinen und grob hacken. In einer Bratpfanne 1 EL Olivenöl erhitzen und die Auberginenwürfel darin weich braten. Zum Gemüse geben. Mit Sambal Oelek bzw. gehackter Chilischote, gehackten Oliven, Salz und Pfeffer abschmecken.
4 Die Penne zum Gemüse geben, untermischen und ein paar Minuten zusammen braten. Auf einem Teller anrichten und den Parmesan sowie die Basilikumblättchen darüberstreuen.

Ravioli mit grünen Bohnen ▶

Safrannudeln mit Spargelsauce (K)

- 50 g Nudeln (möglichst Vollkorn- oder Sojanudeln)
- Salz, schwarzer Pfeffer aus der Mühle
- 200 g grüner oder weißer Spargel
- 1 kleine Zwiebel
- 1 EL Olivenöl oder Butter
- 50 ml Gemüsebouillon
- 1 EL Weißwein
- 1 Msp. Safranpulver oder ein paar Safranfäden
- 1 EL geriebener Parmesan
- ½ Bund Schnittlauch
- 1 EL Kürbiskerne

1 Die Nudeln in Salzwasser al dente kochen, dann abgießen und abtropfen lassen.

2 Die holzigen Enden des Spargels wegschneiden, weißen Spargel schälen. Den Spargel über Dampf weich kochen. Herausnehmen und etwas abkühlen lassen. Die Spargelspitzen abschneiden, längs halbieren und beiseitestellen. Den Rest des Spargels in Rondellen schneiden.

3 Die Zwiebel fein hacken. In einer Pfanne Olivenöl oder Butter erhitzen und die Zwiebel darin weich dünsten. Mit Gemüsebouillon und Weißwein ablöschen. Safran und den gegarten Spargel beigeben und kräftig mit Salz und Pfeffer würzen.

4 Die Nudeln zum Spargel geben und gut mischen. Auf einen Teller geben. Mit den Spargelspitzen garnieren. Nochmals mit schwarzem Pfeffer bestreuen, dann den Parmesan, den fein geschnittenen Schnittlauch und die Kürbiskerne darübergeben.

Spaghetti mit Spargel, Erbsen und Tomaten (K)

- 200 g dünnen grünen Spargel (möglichst Wildspargel)
- 50 g Spaghetti (Soja- oder Vollkornspaghetti)
- 100 g grüne Tiefkühlerbsen
- Salz, Pfeffer aus der Mühle
- Olivenöl
- geriebener Parmesan oder Pecorino
- 6 Cherrytomaten
- frische grob gehackte Kräuter (z. B. Minze, Basilikum)

1 Den Spargel im unteren Drittel schälen. Die Spaghetti zusammen mit Spargel und Erbsen in Salzwasser al dente kochen, dann abgießen und abtropfen lassen. Die Spaghetti mit dem Gemüse in den Topf zurückgeben und mit Olivenöl, Salz, Pfeffer und dem geriebenen Käse gut mischen.

2 Die Cherrytomaten halbieren. Die Spaghetti auf einen Teller geben, mit den halbierten Tomaten belegen und mit den grob gehackten Kräutern bestreuen.

Spinatspätzli mit Kohlrabi an Schnittlauchsauce (K)

1 großer Kohlrabi
100 g Spinatspätzli (fertig aus dem Reformhaus)
Butter

Sauce:
50 ml Gemüsebouillon
50 ml Vollrahm (Sahne)
wenig Hefepaste (aus dem Reformhaus)
Salz, weißer Pfeffer aus der Mühle
½ Bund Schnittlauch

1 Den Kohlrabi schälen und in Scheibchen schneiden. Die Kohlrabischeiben über Dampf knackig weich kochen.
2 Für die Sauce Gemüsebouillon und Rahm etwas einkochen und dann mit Hefepaste, Salz und Pfeffer abschmecken. Den Schnittlauch fein schneiden und dazugeben.
3 Die Spätzli in einer Bratpfanne in etwas Butter gut braten. Auf einen Teller geben und die Kohlrabischeiben sowie die Sauce darüber anrichten.

Tipp: Besonders fein sind die Kohlrabi, wenn man Rahm und Bouillon mit 1 Scheibe gekochter Kohlrabi im Mixer fein sämig mixt und dann kurz aufkocht und abschmeckt!

Teigwaren mit Gemüsesugo (K)

1 kleine Zucchini
1 Knoblauchzehe
1 Tomate
100 g kleine Artischocken, tiefgekühlt oder in Öl eingelegt
einige schwarze Oliven
1 EL Olivenöl
50 ml Weiß- oder Rotwein
1 Prise Zucker
ein paar in Streifen geschnittene Basilikumblätter
Salz, schwarzer Pfeffer aus der Mühle
50 g Vollkornteigwaren nach Wahl
geriebener Parmesan nach Belieben

1 Die Zucchini würfeln. Den Knoblauch fein hacken. Den Stielansatz der Tomate entfernen und das Fruchtfleisch würfeln. Tiefgekühlte Artischocken auftauen und halbieren, Artischocken aus der Dose abgießen, abtropfen lassen und halbieren. Die Oliven entsteinen und vierteln.
2 Das Olivenöl erhitzen und die Zucchiniwürfel darin gut anbraten. Den Knoblauch zugeben und gut mitdünsten, dann die Tomatenwürfel und zuletzt die Artischocken und Oliven zugeben. Mit dem Wein ablöschen, Zucker beigeben und alles zusammen 10–15 Minuten leise köcheln lassen. Basilikum zugeben und alles mit Salz und frisch gemahlenem Pfeffer abschmecken.
3 In der Zwischenzeit die Teigwaren in Salzwasser al dente kochen, abschütten und abtropfen lassen, auf Teller geben und den Gemüsesugo darübergeben. Nach Belieben mit etwas Parmesan bestreuen.

Zucchinigratin mit Dinkelrisotto (K)

200 g Zucchini
¼ Paprikaschote
½ kleine Zwiebel
1 Eigelb
4 EL Sauerrahm (saure Sahne) oder nordische Sauermilch (Schwedenmilch)
etwas fein gehacktes Basilikum
1 EL geriebener Gruyère
etwas Olivenöl
Butter für die Form

Dinkelrisotto:
75 g Dinkelkörner
200 ml Wasser
Salz, Pfeffer aus der Mühle
1 EL Butter
1 EL fein geschnittener Schnittlauch

1 Den Backofen auf 180 Grad vorheizen.
2 Die Zucchini in Scheiben schneiden. Die Paprikaschote aufschneiden, entkernen und in dünne Streifchen schneiden. Die Zwiebel hacken. Alle Zutaten für den Gratin – außer Käse und Olivenöl – gut miteinander vermischen und in eine gebutterte Gratinform füllen. Den Käse darüberstreuen und alles mit etwas Olivenöl beträufeln. Mit Alufolie zudecken und im vorgeheizten Backofen 30 Minuten backen. Die Folie entfernen und weitere 15 Minuten überbacken.
3 In der Zwischenzeit den Dinkel mit dem Wasser im Dampfkochtopf circa 15 Minuten weich kochen (oder circa 40 Minuten im Kochtopf). Vom Herd nehmen und 5 Minuten nachquellen lassen. Mit Salz und Pfeffer würzen. Butter und Schnittlauch unterziehen.
4 Den Zucchinigratin mit dem Risotto zusammen auf Tellern anrichten.

Grünkernküchlein mit Kürbiskernen *(K)*

1 TL Butter
50 g Grünkernschrot (aus dem Reformhaus)
1 Karotte
1–2 EL Sauerrahm (saure Sahne)
1 Ei
Salz, Pfeffer aus der Mühle
Rapsöl zum Ausbacken
Kürbiskerne zum Bestreuen

1 Die Butter in einer Bratpfanne leicht erhitzen und den Grünkernschrot etwas anrösten, bis er Aroma entwickelt. Auskühlen lassen.
2 Die Karotte schälen, auf der Bircherraffel oder einer Gemüsereibe raspeln und mit dem Grünkernschrot mischen.
Den Sauerrahm zugeben und alles zusammen etwa 30 Minuten ausquellen lassen. Das Ei unter die Masse mischen und diese pikant mit Salz und Pfeffer abschmecken.
3 Rapsöl in einer Bratpfanne erhitzen und darin aus der Grünkernmasse kleine Küchlein ausbacken. Dabei vor dem Umdrehen auf die ungebackene Oberseite einige Kürbiskerne streuen und leicht in den Teig drücken. Wenden und weitere 3 Minuten auf der zweiten Seite backen.

Tipps: Getreideküchlein schmecken am besten, wenn man sie möglichst klein und dünn ausbackt. Am einfachsten formt man sie mit Hilfe von zwei Löffeln.
Die Hitze sollte beim Braten nicht allzu groß sein, da die Küchlein sonst sofort außen knusprig und braun werden, während das Innere noch zu weich ist. Also langsam und sorgfältig vorgehen.
Diese Küchlein können Sie natürlich auch mit jedem anderen Getreideschrot machen. Statt Karotten können auch andere Gemüse beigegeben werden.

Grünkernküchlein mit Pilzragout (K)

Grünkernküchlein:
50 g Grünkernschrot (aus dem Reformhaus)
1 Knoblauchzehe
1 EL frisch gehackte Petersilie
1 Ei
Salz, weißer Pfeffer aus der Mühle, Muskatnuss
Kokosfett zum Ausbacken

Pilzragout:
200 g gemischte Pilze
1 TL Kokosfett
100 g Sauerrahm (saure Sahne)
Salz, Pfeffer aus der Mühle
ein paar Haselnüsse
etwas Bohnenkraut

1 Für die Grünkernküchlein den Schrot mit 100 ml Wasser aufkochen, vom Herd nehmen und 30 Minuten ausquellen lassen.
2 Den Knoblauch pressen und zusammen mit der Petersilie und dem Ei unter den Grünkernschrot mischen, pikant abschmecken. Im heißen Fett kleine Küchlein ausbacken. Warm halten.
3 Für das Pilzragout die Pilze feucht abreiben und in Scheiben schneiden. Im heißen Kokosfett kurz braten. Den Sauerrahm dazugeben und kurz aufkochen. Mit Salz und Pfeffer abschmecken. Die Haselnüsse hacken und in einer Pfanne ohne Fett anrösten. Das Pilzragout mit dem Bohnenkraut und den gerösteten Haselnüssen bestreuen und mit den Grünkernküchlein servieren.

Hirsegnocchi mit Kohlrabi an Kerbelrahm (K)

Hirsegnocchi:
50 g Goldhirse
100 ml Wasser
Salz
Reibkäse
Butter für das Blech

Kohlrabigemüse:
250 g Kohlrabi
½ kleine Zwiebel
1 EL Butter
100 g Bio-Bifidus-Joghurt
1 EL Vollrahm (Sahne)
Salz, Pfeffer aus der Mühle
1 EL fein gehackter Kerbel

1 Für die Gnocchi die Hirse im leicht gesalzenen Wasser aufkochen. 2 Minuten köcheln lassen, vom Herd nehmen, zudecken und 30 Minuten quellen lassen. Die Hirse nochmals mit Salz abschmecken und auf ein gut gebuttertes Backblech 1 cm dick ausstreichen. Mit Reibkäse bestreuen. Im vorgeheizten Backofen 30 Minuten backen.
2 In der Zwischenzeit die Kohlrabi schälen, in Scheiben schneiden und über Dampf knapp weich kochen. Kalt abschrecken und beiseitestellen.
3 Die Zwiebel fein hacken und in der Butter langsam weich dünsten, die gekochten Kohlrabi, den Joghurt und den Rahm dazugeben und kurz aufwärmen. Salzen, pfeffern, den Kerbel hinzufügen und alles nochmals 1 Minute durchziehen lassen.
4 Aus der gratinierten Hirse mit einem Ausstecher Halbmonde ausstechen (oder in Vierecke schneiden) und zusammen mit dem Kohlrabi-Gemüse anrichten.

Maispizza (K)

Polenta:
200 ml Wasser
wenig Gemüsebouillonpulver
70 g Bramatamais
wenig Salz
Butter für das Blech

Belag:
1 Knoblauchzehe
Olivenöl
1 EL Tomatenpüree
oder 1 Tomate und 2 EL Reibkäse (z. B. Tilsiter)
ein paar schwarze Oliven
½ Mozzarella
wenig in Streifen geschnittenes Basilikum
Kräutersalz, schwarzer Pfeffer aus der Mühle

1 Das Wasser mit dem Gemüsebouillonpulver zum Kochen bringen, den Mais im Sturz beigeben und 15 Minuten leise köcheln lassen. Vom Herd nehmen. Mit Salz abschmecken. Die Polenta auf einem runden, gut ausgebutterten Backblech etwa 1 cm dick ausstreichen.
2 Den Backofen auf 200 Grad vorheizen.
3 Für den Belag den Knoblauch grob hacken. 1 EL Olivenöl erhitzen und den Knoblauch darin kurz anrösten. Auf der Polenta verteilen. Das Tomatenpüree darüber verstreichen. Oder: Den Reibkäse auf die Polenta streuen, die Tomate vom Stielansatz befreien, entkernen, in Scheiben schneiden und auf dem Käse verteilen.
4 Die Oliven entsteinen und vierteln. Den Mozzarella in kleine Stücke schneiden. Oliven, Mozzarella und Basilikum auf der Polenta verteilen. Mit Olivenöl, Kräutersalz und schwarzem Pfeffer würzen und im vorgeheizten Backofen circa 30 Minuten backen.

Lauchpolenta mit Paprikasauce (K)

150 ml Gemüsebouillon
50 g Maisgrieß
1 kleine Knoblauchzehe
1 kleine Stange Lauch
Olivenöl
50 g Feta-Käse
1 EL Sauerrahm (saure Sahne)
Salz nach Belieben, Pfeffer aus der Mühle
Butter für das Blech

Sauce:
1 rote Paprikaschote
wenig Zwiebel und Knoblauch
100 ml Gemüsebouillon
Salz, Pfeffer aus der Mühle
1 nussgroßes Stück eiskalte Butter

1 Die Gemüsebouillon zum Kochen bringen, den Mais im Sturz beigeben und 15 Minuten leise köcheln lassen. Vom Herd nehmen.

2 Den Knoblauch pressen. Den Lauch waschen und klein schneiden. Knoblauch und Lauch in 1 TL Olivenöl weich dünsten. Zum gegarten Mais geben. Den Käse zerkrümeln und zusammen mit dem Sauerrahm unterziehen. Alles mit Pfeffer und eventuell etwas Salz abschmecken. Die Polentamasse 1 cm dick auf ein gebuttertes Blech streichen und mindestens 30 Minuten ruhen lassen.

3 Für die Sauce die Paprikaschote aufschneiden, entkernen, grob zerkleinern und im Cutter ganz fein pürieren.

4 Wenig Zwiebel und Knoblauch fein hacken und in der Gemüsebouillon langsam weich dünsten; die Bouillon sollte zuletzt fast ganz eingekocht sein. Das Paprikapüree zufügen, kurz aufkochen, vom Herd nehmen, mit Salz und Pfeffer abschmecken und die eiskalte Butter langsam unterziehen.

5 Die gestockte Polenta in Rauten schneiden, in wenig Olivenöl auf beiden Seiten anbraten und mit der Paprikasauce servieren.

Maisküchlein mit Steinpilzsauce (K)

Maisküchlein:

60 g Mais, wenn möglich Bramatamais
200 ml Wasser
½ TL Salz
wenig grüne und rote Paprikaschote
2 EL Reibkäse
Butter für die Form

Sauce:

5 g getrocknete Steinpilze
50 ml Weißwein
2 getrocknete Tomaten
wenig Peperoncino oder Sambal Oelek
1 TL fein gehackter Rosmarin
1 EL Olivenöl
1 Knoblauchzehe
1 TL Balsamicoessig
1 TL fein gehackte Petersilie
Salz, schwarzer Pfeffer aus der Mühle

1 Den Backofen auf 150 Grad vorheizen.

2 Für das Maisküchlein den Mais in das kochende Salzwasser geben, gut umrühren und bei sehr kleiner Hitze unter häufigem Umrühren weich kochen. Eine Cup-Cake-Form ausbuttern und im Kühlschrank kalt stellen.

3 Die Paprika aufschneiden, entkernen und klein würfeln. Zusammen mit dem geriebenen Käse unter den gekochten Mais mischen und nochmals abschmecken. Den Maisbrei in die Form füllen und im vorgeheizten Backofen etwa 20 Minuten backen.

4 Für die Steinpilzsauce die getrockneten Steinpilze in dem Weißwein einweichen. Die getrockneten Tomaten in Streifchen schneiden. Die Steinpilze ausdrücken und klein schneiden; den Weißwein aufbewahren. Steinpilze, Tomaten, Peperoncino oder Sambal Oelek und Rosmarin zusammen im heißen Olivenöl 2 Minuten braten. Mit der Einweichflüssigkeit der Pilze und wenig Wasser ablöschen. Den Knoblauch dazupressen, den Balsamicoessig zugeben und bei kleiner Hitze ungefähr 10 Minuten köcheln lassen. Die gehackte Petersilie unterziehen und alles mit Salz und schwarzem Pfeffer abschmecken.

5 Das Förmchen mit dem Mais auf einen Teller stürzen und die Sauce darum herum anrichten.

Tipps: Kann natürlich auch mit frischen Steinpilzen gemacht werden.
Bei der Verwendung von frischen Tomaten statt der getrockneten sollte das Wasser für die Sauce ganz weggelassen werden.

Blumenkohl-Kartoffel-Curry mit Linsen (K)

1 Schalotte oder Frühlingszwiebel
1 Knoblauchzehe
1 cm frischer Ingwer
200 g Blumenkohl
1 kleine Kartoffel
1 EL Maiskeimöl
je ½ TL Currypulver und Kreuzkümmelpulver (Cumin)
100 ml Gemüsebouillon
50 g rote Linsen
20 g Cashewkerne
Öl oder Butter zum Braten
Salz
1 EL fein gehackte Petersilie- oder Korianderblätter
1 TL Frucht-Chutney nach Belieben (z. B. Mangochutney)

1 Die Schalotte oder Frühlingszwiebel längs in grobe Streifen schneiden. Den Knoblauch fein hacken, den Ingwer schälen, in dünne Streifchen schneiden und dann ebenfalls hacken. Den Blumenkohl in kleine Röschen zerteilen. Die Kartoffel knapp weich kochen, schälen und halbieren.

2 Das Maiskeimöl in einer großen Pfanne erhitzen. Schalotte bzw. Frühlingszwiebel, Knoblauch, Ingwer und Blumenkohlröschen zufügen und gut durchbraten. Die Kartoffel hinzugeben und alles mit Currypulver und Kreuzkümmelpulver bestreuen. Gut mischen, dann mit der Gemüsebouillon ablöschen und so lange kochen, bis der Blumenkohl knackig weich ist.

3 Die roten Linsen hinzufügen und 5 Minuten mitkochen. In der Zwischenzeit die Cashewkerne halbieren und in wenig Öl oder Butter knusprig rösten.

4 Das Gemüsecurry mit Salz abschmecken und auf einem Teller oder auf einer Platte anrichten. Mit der gehackten Petersilie oder dem Koriander und den gebratenen Cashewkernen bestreuen. Nach Belieben ein Fruchtchutney dazu servieren.

Tipps: Wenn Sie es gerne etwas milder haben, geben Sie die gekochten Kartoffeln erst ganz am Schluss dazu, sodass sie sich nicht mit Currysauce vollsaugen. Sie bilden so einen angenehmen Kontrast zur scharfen Sauce.
Falls Sie kein Frucht-Chutney haben, sind süße Mangoschnitze oder gebratene Bananenscheiben ein wunderbarer Gegenpol zu der Schärfe des Gerichts. Aber nur wenig davon!

Couscous mit Gemüse und Kichererbsen (K)

Für 2 Portionen

1 Zwiebel
2 Tomaten
400 g Gemüse (z. B. Zucchini, Auberginen, Kürbis, Karotten)
Olivenöl
100 ml Gemüsebouillon
½ TL Kreuzkümmelpulver (Cumin)
wenig fein gehacktes Harissa oder fein gehackte Peperoncini oder Pfeffer aus der Mühle
½ Brief Safranpulver
Salz
80 g Couscousgrieß
60 g Kichererbsen (aus der Dose)

1 Die Zwiebel grob würfeln. Den Stielansatz der Tomaten entfernen und die Tomaten würfeln. Das Gemüse falls nötig schälen und ebenfalls würfeln.
2 Etwas Olivenöl erhitzen, die Zwiebel darin anbraten, dann das übrige Gemüse hinzufügen und gründlich durchbraten. Mit der Gemüsebouillon ablöschen, das Kreuzkümmelpulver zugeben und das Gemüse knackig weich köcheln. Harissa oder Peperoncini oder Pfeffer sowie Safranpulver beifügen und das Gemüse mit Salz abschmecken.
3 Den Couscous nach Packungsanleitung zubereiten. Die Kichererbsen abgießen, abtropfen lassen und am Schluss zusammen mit dem Couscous erwärmen. Mit 1 EL Olivenöl und wenig Salz würzen.
4 Zum Anrichten den gedämpften Couscous auf 2 Teller geben, in die Mitte eine Mulde drücken und das gekochte Gemüse mit einer Schaumkelle hineingeben. Die Flüssigkeit als Sauce separat dazu servieren.

Kichererbsencurry indisch (K)

50 g getrockete Kichererbsen oder 100 g Kichererbsen aus der Dose
½ Zwiebel
1 Knoblauchzehe
1 kleine Chilischote oder ½ TL Sambal Oelek nach Belieben (weglassen, falls das Curry nicht scharf sein soll)
1 Tomate
1 EL Kochbutter oder Kokosfett
1 TL frisch gehackter Ingwer
je 1 Msp. Kurkuma (Gelbwurz), Korianderpulver, Garam Masala und Kreuzkümmelpulver (Cumin)
2 Curryblätter (frisch oder aus dem Glas)
Salz, Pfeffer aus der Mühle
frisch gehackte Petersilie oder frisch gehackter Koriander
etwas Zitronensaft

1 Die trockenen Kichererbsen über Nacht einweichen. Am nächsten Tag nach Packungsanweisung gar kochen, dann abgießen und abtropfen lassen. Kichererbsen aus der Dose abgießen und abtropfen lassen.
2 Zwiebel und Knoblauch fein hacken oder den Knoblauch pressen. Falls verwendet die Chilischote entkernen und in Ringe schneiden. Die Tomate kreuzweise einritzen, mit kochendem Wasser überbrühen, häuten und klein hacken.
3 Die Kochbutter oder das Kokosfett in einem Topf erhitzen und darin Zwiebel, Knoblauch, Ingwer und nach Belieben Chili oder Sambal Oelek andünsten. Alles auf eine Seite des Topfes schieben. Nach 1 Minute die anderen Gewürze zufügen und 1 Minute mitdünsten. Die Tomatenwürfelchen beifügen und alles circa 10 Minuten durchziehen lassen. Die Kichererbsen dazugeben und nochmals 10–15 Minuten ziehen lassen. Mit Salz und Pfeffer nachwürzen. Bei Bedarf ein wenig Wasser zugeben.
4 Ein Viertel der Kichererbsenmischung im Cutter pürieren und wieder zu der restlichen Mischung geben. Petersilie bzw. Koriander und Zitronensaft zugeben und eventuell nochmals nachwürzen.
5 Dazu passt Jasmin- oder Basmatireis, am besten Basmati-Vollreis.

Kichererbsen mit Tomaten und geräuchertem Tofu (K)

- 60 g getrocknete Kichererbsen oder ½ Dose Kichererbsen
- 1 Knoblauchzehe
- 50 g geräucherter Tofu
- 1 Tomate
- 1 EL Olivenöl
- 1 gehacktes Salbeiblatt
- Salz, Pfeffer aus der Mühle

1 Die trockenen Kichererbsen über Nacht einweichen. Am nächsten Tag im Dampfkochtopf mit doppelter Menge Wasser 15 Minuten kochen, dann abgießen und abtropfen lassen. Kichererbsen aus der Dose abgießen und abtropfen lassen.
2 Den Knoblauch hacken. Den Tofu in kleine Würfel oder Streifchen schneiden. Die Tomate kreuzweise einritzen, mit kochendem Wasser überbrühen, häuten und klein würfeln.
3 Das Olivenöl in einer Pfanne erhitzen. Knoblauch und Tofu darin leicht anrösten, Tomatenwürfel und Salbei zugeben und mischen. Kräftig mit Salz und Pfeffer abschmecken. Eventuell etwas Wasser beifügen. Die gekochten Kichererbsen zufügen und nochmals abschmecken.

Fagioli alla Margherita, Grüne und weiße Bohnen (K)

- 50 g getrocknete weiße Bohnen oder 2 EL weiße Bohnen aus der Dose
- 200 g grüne frische Bohnen
- 1 Knoblauchzehe
- 1 Schalotte oder kleine Zwiebel
- 1 Salbeiblatt
- 2 TL Olivenöl
- 1 TL Balsamicoessig
- Salz, Pfeffer aus der Mühle

1 Die weißen Bohnen über Nacht einweichen. Am nächsten Tag das Einweichwasser abschütten. Die weißen Bohnen in einen Dampfkochtopf geben, 2 cm hoch mit Wasser bedecken und circa 10 Minuten weich kochen, danach abgießen oder 2 EL weiße Bohnen in ganz wenig Wasser erhitzen (etwas Kochflüssigkeit auffangen).
2 In der Zwischenzeit die grünen Bohnen falls nötig entfädeln, in 5 cm lange Stücke schneiden und über Dampf weich kochen.
3 Knoblauch und Schalotte oder Zwiebel fein hacken. Ein Viertel der weißen Bohnen und 2 EL Kochflüssigkeit mit dem Salbeiblatt, Knoblauch, Schalotte oder Zwiebel, Olivenöl und Balsamicoessig im Mixer zu einer sämigen Sauce mixen. Mit Salz und Pfeffer abschmecken.
4 Die grünen Bohnen mit den restlichen weißen Bohnen und der Sauce mischen und anrichten.

Tipp: Passt gut zu Wildreis.

Linsen mit gebackenem Wintergemüse (K)

200 g Kürbis
1 kleine Sellerieknolle
Olivenöl
100 g braune Linsen
2 TL Zitronensaft
Salz
1 Zwiebel (möglichst rot)
100 g Champignons oder andere Pilze
1 TL Mirin (japanischer Essig) oder anderer Essig
etwas frisch gehackte Thymianblätter
frisch gehackte Petersilie

1 Den Backofen auf 180 Grad vorheizen.

2 Den Kürbis schälen, entkernen und in große Würfel schneiden. Den Sellerie schälen und ebenfalls in große Würfel schneiden. Kürbis- und Selleriewürfel in eine Gratinform geben und mit 2 EL Olivenöl beträufeln. Im vorgeheizten Backofen 20 Minuten backen. Herausnehmen, gut umrühren und nochmals 20 Minuten backen, bis die Gemüsewürfel weich sind. Aus dem Ofen nehmen und beiseitestellen.

3 Die Linsen nach Packungsanweisung in Wasser weich kochen, dann abgießen und gut abtropfen lassen. Mit 1 TL Olivenöl und 1 TL Zitronensaft und Salz vermischen und beiseitestellen.

4 Die Zwiebel hacken. Die Pilze feucht abreiben und in Scheiben schneiden. In einer großen Bratpfanne Olivenöl erhitzen und die Zwiebel darin fast braun rösten. Pilze und Mirin zugeben und weiterbraten. Nochmals 1 TL Zitronensaft dazugeben. Dann den Thymian, die Linsen und das gebackene Gemüse zugeben und salzen. Petersilie daruntermischen und das Gericht heiß servieren.

Linsenreis mit Spinat und Tomaten (K)

Ergibt 2 Portionen

½ kleine Zwiebel
1 kleine Knoblauchzehe
1 cm frischer Ingwer
1 TL Kokosfett
½ TL Currypulver oder je 1 Msp. Kurkuma (Gelbwurz), Cayennepfeffer, Garam Masala (indische Gewürzmischung) und Kreuzkümmelpulver (Cumin)
50 g Vollreis
1 EL braune oder grüne Linsen
50 ml Weißwein
150 ml Wasser
100 g frischer Spinat
Salz, Pfeffer aus der Mühle

Sauce:

2 Tomaten
1 TL Olivenöl
1 Msp. Sambal Oelek oder etwas Chilipulver
1 kleine Knoblauchzehe
ganz wenig Honig oder Zucker
1 TL Tamari (japanische Sojasauce)

Zum Garnieren:

1 Zwiebel
2 TL Kokosfett

1 Zwiebel, Knoblauch und Ingwer schälen und hacken. In einem Topf das Kokosfett erhitzen und Zwiebel, Knoblauch, Ingwer sowie Currypulver bzw. die anderen Gewürze darin kurz andünsten. Reis und Linsen waschen, abtropfen lassen, dazugeben und kurz mitdünsten. Mit dem Weißwein ablöschen, kurz köcheln lassen, dann das Wasser zufügen und bei kleiner Hitze 30 Minuten köcheln lassen.

2 Den Spinat waschen und grobe Stiele entfernen. Den Spinat auf den Linsenreis geben, zudecken und bei kleiner Hitze zusammenfallen lassen.

3 In der Zwischenzeit für die Sauce die Stielansätze der Tomaten entfernen und die Tomaten würfeln. Das Olivenöl erhitzen und die Tomatenwürfel darin dünsten. Sambal Oelek oder Chilipulver beifügen und alles bei mittlerer Hitze etwas einkochen. Den Knoblauch dazupressen oder fein hacken und beigeben. Die Sauce mit Honig oder Zucker und Tamari abschmecken.

4 Die Zwiebel in feine Streifen schneiden und im Kokosfett unter ständigem Rühren braun rösten. Auf Küchenpapier abtropfen lassen.

5 Den Spinat unter den Linsenreis ziehen und vermischen. Mit Salz und Pfeffer abschmecken. Auf Tellern anrichten, die Tomatensauce darübergeben und mit den gerösteten Zwiebeln bestreuen.

Tipp: Durch die Kombination von Reis und Linsen ist der Glykämische Index viel niedriger als nur mit Reis allein.

Schwarze Bohnen brasilianische Art (K)

Chili «ohne carne» – schmeckt sehr gut!

50 g getrocknete schwarze Bohnen
1 kleine Zwiebel
1 Knoblauchzehe
1–2 Tomaten
je 1 Msp. Chilipulver und Cayennepfeffer
½ TL Paprikapulver
1 EL Olivenöl
Salz
1 TL Balsamicoessig
50 g gewürfelter Bergkäse
1 EL Joghurt nature
Petersilie oder Koriander oder Oregano, frisch gehackt

1 Die schwarzen Bohnen mindestens 12 Stunden, besser über Nacht, in reichlich Wasser einweichen. Am nächsten Tag im Einweichwasser in etwa 2 Stunden weich köcheln, dann abgießen und abtropfen lassen.
2 Zwiebel und Knoblauch fein hacken. Die Stielansätze der Tomaten entfernen und die Tomaten grob würfeln.
3 Chilipulver, Cayennepfeffer und Paprikapulver miteinander kurz in einer trockenen Pfanne leicht anrösten. Olivenöl, Zwiebel und Knoblauch zu den Gewürzen geben und kurz weich dünsten. Dann die Tomaten dazugeben und 15 Minuten leise köcheln lassen.
4 Die gekochten Bohnen zur Tomatensauce geben und nochmals circa 15 Minuten köcheln. Eventuell etwas Wasser zugießen, damit das Gericht eine leicht flüssige Konsistenz hat. Mit Salz und Balsamicoessig abschmecken.
5 In einen großen Suppenteller geben. Die Käsewürfelchen darüberstreuen und den Joghurt daraufgeben. Mit frisch gehackten Kräutern bestreuen.

Teigwaren mit roten Linsen (K)

½ Zwiebel
1 kleine Knoblauchzehe
1 kleine rote Chilischote oder 1 getrocknete Tomate
1 EL Olivenöl oder Butter
100 ml Gemüsebouillon
50 ml Vollrahm (Sahne)
50 g rote Linsen
50 g Vollkornteigwaren
etwas frisch gehackte Petersilie
Salz, nach Belieben Pfeffer aus der Mühle

1 Zwiebel und Knoblauch fein hacken. Die Chilischote längs halbieren, entkernen und in feine Streifchen schneiden bzw. die getrocknete Tomate fein hacken.

2 Olivenöl oder Butter erhitzen. Zwiebel, Knoblauch und Chilischote bzw. getrocknete Tomate darin andünsten. Mit der Gemüsebouillon und dem Rahm ablöschen. Die Linsen zugeben und etwa 10 Minuten köcheln lassen.

3 Die Teigwaren nach Packungsanweisung al dente kochen, dann abgießen und abtropfen lassen. Zu den Linsen geben und gut miteinander vermischen. Mit Petersilie, Salz und eventuell etwas Pfeffer abschmecken.

Tipp: Rote Linsen haben eine extrem kurze Kochzeit. Bei Verwendung von anderen Hülsenfrüchten, zum Beispiel roten Bohnen oder Kichererbsen, diese vorher separat einweichen und dann in ungesalzenem Wasser weich kochen.

Vegetarisches Cassoulet (K)

50 g getrocknete weiße, rote oder schwarze Bohnen
1 Handvoll getrocknete Pilze
1 Knoblauchzehe
200 g Gemüse nach Wahl
1 Tomate
1 EL Butter oder Olivenöl
ein wenig Rotwein (falls vorhanden) oder 100 ml kräftige Gemüsebouillon
1 TL Cenovis oder andere Hefepaste
Salz, Pfeffer aus der Mühle
1 EL Paniermehl
Öl für die Gratinform

1 Die Bohnen mindestens 12 Stunden, besser über Nacht, in reichlich Wasser einweichen. Am nächsten Tag im Einweichwasser nach Packungsanweisung weich köcheln, dann abgießen und abtropfen lassen.
2 Die getrockneten Pilze in Wasser einweichen. Den Knoblauch fein hacken oder durchpressen. Das Gemüse falls nötig schälen und grob schneiden. Die Tomate vom Stielansatz befreien und grob würfeln. Die Pilze abgießen, ausdrücken und grob schneiden.
3 Den Backofen auf 220 Grad vorheizen.
4 Butter oder Olivenöl erhitzen und Knoblauch und Pilze darin andünsten. Die Gemüsewürfel zugeben und weiterbraten, dann die Tomatenwürfel beifügen. Schließlich die gekochten Bohnen dazugeben und mit Wein oder Gemüsebouillon, Cenovis, Salz und Pfeffer abschmecken.
5 Alles in eine geölte kleine Gratinform geben, das Paniermehl darüberstreuen und 20 Minuten im vorgeheizten Backofen backen.

Tipps: Dazu ein Stück Roggenbrot und etwas Ziegenkäse servieren.
Cassoulet ist ein Eintopf aus dem Ofen. Es heißt, dass die französischen Hausfrauen am Sonntagmorgen das Cassoulet herrichteten und in den Ofen stellten. Wenn die ganze Familie aus der Kirche kam, war das Cassoulet fertig.

Heidelbeermousse (K)

100 g Heidelbeeren
1 TL flüssiger Honig
(z. B. Akazienhonig)
100 ml Vollrahm (Sahne) oder 50 g Rahmquark und 50 ml Vollrahm

1 Die Heidelbeeren zusammen mit dem Honig im Cutter pürieren.
2 Den Rahm steif schlagen und unterziehen. Bei der Verwendung von Quark zuerst den Quark unter die Heidelbeeren heben und dann den steif geschlagenen Rahm.

Tipp: Machen Sie die doppelte Menge und bewahren Sie die Hälfte davon im Kühlschrank für ein nächstes Mal auf.

Quarkmousse (K)

1 Eigelb
2 EL Akazienhonig oder Zucker
1 Prise Vanillepulver (aus dem Reformhaus)
250 g Bio-Rahmquark
200 ml Vollrahm (Sahne)

1 Eigelb und Honig oder Zucker mit dem Schneebesen zu einer dicken Creme aufschlagen. Mit Vanillepulver und Quark gut vermischen. Eventuell nachsüßen.
2 Den Rahm steif schlagen und nach und nach unter die Quarkcreme ziehen.
3 Die Quarkmousse mindestens 4 Stunden kühl stellen.

Tipps: Es lohnt sich, diese doppelte Menge zuzubereiten. Die Mousse hält sich im Kühlschrank mindestens 5 Tage.

Heidelbeermousse ▶

Schokoladenmousse (K)

Für eine ganze Woche als Dessert nach der Kohlenhydrat-Mahlzeit am Abend

Ergibt ca. 6 Portionen

100 g dunkle Schokolade
1 TL Cognac oder Rum nach Belieben
200 ml Vollrahm (Sahne)

1 Einen Riegel der Schokolade auf der Bircherraffel reiben. Den Rest in einem Pfännchen zusammen mit dem Cognac oder dem Rum schmelzen.
2 Den Rahm sehr steif schlagen. Die flüssige Schokolade sorgfältig mit dem steif geschlagenen Rahm vermischen und dann die geraffelte Schokolade darunterziehen.
3 Die Schokoladenmousse mindestens 2 Stunden kühl stellen.

Himbeersoufflé (K)

1 Ei
1 EL Vollrahm (Sahne)
1 Prise Vanillepulver (aus dem Reformhaus)
1 TL Honig
1 Prise Salz
50 g fein geriebene Mandeln
100 g Himbeeren
ganz wenig Puderzucker
Butter für die Backform

1 Eine kleine ofenfeste Form mit Butter ausstreichen. Den Backofen auf 180 Grad vorheizen.
2 Das Ei trennen. Das Eigelb zusammen mit Rahm, Vanillepulver und Honig sehr schaumig schlagen. Das Eiweiß separat mit 1 Prise Salz steif schlagen. Zusammen mit den geriebenen Mandeln sorgfältig unter die Eigelbcreme ziehen.
3 Die Hälfte der Masse in die Form geben. Die Hälfte der Himbeeren daraufgeben und mit der restlichen Crememasse bedecken. Die restlichen Beeren darüber verteilen. Mit wenig Puderzucker bestreuen. Das Soufflé etwa 15 Minuten im vorgeheizten Ofen backen.
4 Eventuell mit halbflüssigem Rahm oder Doppelrahm servieren.

Panna cotta (K)

Es lohnt sich, davon gleich zwei Portionen zu machen.

Ergibt 2 Portionen

1 Vanilleschote
50 ml Milch
abgeriebene Schale von ½ unbehandelten Zitrone
200 ml Vollrahm (Sahne)
¼ TL Agar-Agar
1 EL Honig
wenig Früchte zum Garnieren

1 Die Vanilleschote mit einem spitzen Messer halbieren und das Mark herausschaben. Milch, Vanillemark und -schote, Zitronenschale und die Hälfte des Rahms zum Kochen bringen und auf ⅓ einreduzieren. Die Vanilleschote entfernen. Das Agar-Agar hineingeben und erneut aufkochen lassen, damit das Agar-Agar geliert. Die Creme in eine Schüssel geben. Gelegentlich umrühren.
2 Den restlichen Rahm zusammen mit dem Honig steif schlagen und unter die Creme rühren. In 2 Gläser abfüllen und 1 Stunde kühl stellen.
3 Zum Servieren die Gläser in heißes Wasser tauchen und die Panna cotta auf Teller stürzen. Früchte nach Wahl in Scheiben schneiden und die Panna cotta damit garnieren.

Obstsalat mit Mascarponesauce (K)

Wenig Früchte nach Wahl

Sauce:
100 g Mascarpone
2 EL Magerquark
abgeriebene Schale von ½ unbehandelten Zitrone
1 Prise Naturvanillepulver (aus dem Reformhaus)
1 TL Honig
gehackte Pistazien oder geröstete Sonnenblumenkerne nach Belieben
ein paar Pfefferminzblättchen nach Belieben

1 Die Früchte je nach Sorte schälen und mundgerecht schneiden, auf einem Teller dekorativ anordnen.
2 Für die Sauce die Zutaten bis auf die Kerne und die Minzblättchen gut miteinander verrühren (nicht mixen!) und über die Früchte gießen.
3 Nach Belieben gehackte Pistazien oder Kerne über den Obstsalat streuen und das Ganze mit Pfefferminzblättchen garnieren.

Panna cotta ▶

Vanilleparfait mit Früchtesauce (K)

2 Eier
1 EL Akazienhonig
1 Msp. Naturvanillepulver (aus dem Reformhaus)
100 ml Vollrahm

Sauce:
Früchte nach Wahl (z. B. ein paar Beeren oder 2 Aprikosen)

1 Für das Parfait die Eier mit dem Honig in eine weite Schüssel geben und über dem heißen Wasserbad so lange schlagen, bis die Masse das dreifache Volumen erhalten hat. Die Vanille zugeben.
2 Den Rahm steif schlagen und sorgfältig unter die Eiermasse ziehen. In eine passende Form füllen und 3–4 Stunden gefrieren lassen.
3 Die Parfaitform kurz in eine Schüssel mit heißem Wasser tauchen und das Parfait dann auf einen Teller stürzen.
4 Für die Früchtesauce die Früchte mit ganz wenig Wasser aufkochen, eventuell etwas Honig dazugeben. Mixen und zum Vanilleparfait servieren.

Quark-Omelette mit Ricottafüllung (K)

Füllung:
100 g Ricotta
ein paar Rosinen
1 Eigelb
1 EL Akazienhonig
etwas abgeriebene Zitronenschale
etwas Butter

Omelette:
2 Eier
1 Prise Salz
etwas Butter

1 Die Zutaten für die Füllung sorgfältig miteinander vermischen (nicht zu stark rühren, da die Füllung sonst flüssig wird). Etwa 30 Minuten ruhen lassen, damit die Rosinen weich werden.
2 Inzwischen die Eier gut verschlagen, ganz wenig salzen und daraus in der erhitzten Butter 2 Omeletten braten. Achtung: Nur leicht braten, sie dürfen nicht braun werden.
3 Jeweils die Hälfte der Füllung in die Mitte der beiden Omeletten geben und diese einklappen und zusammenrollen. In einer Bratpfanne nochmals etwas Butter erhitzen und die Omeletten-Päcklein beidseits schnell braten.

Quark-Grieß-Auflauf mit Früchten (K)

1 Ei
20 g Butter
1 EL Honig
1 Prise Naturvanillepulver (aus dem Reformhaus)
½ TL abgeriebene Zitronenschale
150 g Magerquark
2 EL Vollgrieß
1 EL Vollrahm (Sahne)
1 Prise Salz
100 g Früchte nach Wahl
Butter für die Form

1 Eine kleine ofenfeste Form leicht ausbuttern. Den Backofen auf 200 Grad vorheizen.
2 Das Ei trennen. Butter, Honig, Vanillepulver und Eigelb mit dem Handrührer schaumig rühren, dann Zitronenschale, Magerquark, Grieß und Rahm zugeben und gut verrühren. Das Eiweiß mit 1 Prise Salz steif schlagen und unter die Masse ziehen.
3 Die Früchte je nach Sorte schälen und in grobe Stücke schneiden. Die Hälfte der Masse in die Form geben, die Früchte darüber verteilen und mit der anderen Hälfte bedecken. Im vorgeheizten Backofen etwa 30 Minuten backen.

Schnelle Quarktorte (K)

Für 1 Springform von 18 cm Durchmesser

5 Eier
1 kg Magerquark
abgeriebene Schale von 1 unbehandelten Zitrone
100 ml Vollrahm (Sahne)
½ TL Naturvanillepulver (aus dem Reformhaus)
2–3 EL Honig
etwas Zimtpulver
Butter für die Form

1 Die Springform gut ausbuttern. Den Backofen auf 200 Grad vorheizen.
2 Die Eier mit dem Schneebesen zu einer dicken, schaumigen Masse aufschlagen. Alle anderen Zutaten (außer dem Zimt) beigeben und gut verrühren. Den Teig in die Springform füllen und im vorgeheizten Backofen 50 Minuten backen. Auskühlen lassen und nach Wunsch mit Zimt bestreuen.

Tipps: Diese Torte verliert beim Backen Wasser. Die Springform deshalb auf ein mit Alufolie ausgelegtes Kuchenblech stellen und die Folie am Rand hochfalten.
Die Torte hält sich im Kühlschrank gut 1 Woche.

Brownies (K)

Bitte nur 1 Stück auf einmal essen!

50 g Butter
200 g dunkle Schokolade
100 g Baumnusskerne (Walnüsse) oder Mandeln
2 Eier
3–4 EL Akazienhonig
75 g frisch gemahlenes Weizenmehl
Butter für das Blech oder die Form

1 Den Backofen auf 180 Grad vorheizen.
2 Die Butter schmelzen. Die Schokolade zerbröckeln, dazugeben und bei kleiner Hitze ebenfalls schmelzen lassen.
Die Nüsse oder Mandeln hacken.
3 Die Eier und den Akazienhonig zusammen mit 2 EL kaltem Wasser schaumig schlagen, die flüssige Schokoladenbutter zugeben, gut mischen, dann die gehackten Nüsse oder Mandeln und das Mehl untermischen.
4 Ein kleines Kuchenblech oder eine quadratische ofenfeste Form gut ausbuttern und den Teig einfüllen; er sollte mindestens 3 cm hoch sein. Im vorgeheizten Ofen etwa 15 Minuten backen. Auskühlen lassen und in Würfel von circa 3 × 3 cm schneiden.

Apfelkuchen (K)

Für 1 Springform von 18 cm Durchmesser

1 Ei
Honig oder Rohrohrzucker
50 g weiche Butter
1 großer Apfel
2 TL fein gemahlenes Weizenmehl
1 TL Backpulver
1 Prise Salz
1 EL Whisky (für Kinder weglassen)
1 EL Akazienhonig
Butter für die Form

1 Das Ei trennen. Das Eigelb mit 1 EL Honig oder Rohrohrzucker schaumig schlagen, die weiche Butter zufügen und weiterschlagen.
2 Den Apfel gut waschen, nicht schälen, halbieren, das Kerngehäuse ausstechen und den Apfel auf der Röstiraffel direkt zur Eigelbmasse reiben. Mehl, Backpulver und Salz dazugeben und gut vermischen. Den Whisky nach Belieben hinzufügen.
3 Das Eiweiß halbsteif schlagen, dann den Honig beifügen und das Eiweiß ganz steif schlagen. Den Eischnee unter den Teig ziehen. Den Teig in eine gut ausgebutterte Springform füllen. Mit Rohrohrzucker bestreuen und im vorgeheizten Ofen je nach Höhe 20–30 Minuten backen.

Tipp: Kann heiß – mit etwas Schlagrahm – oder kalt gegessen werden.

Schokoladen-Biskuitroulade (K)

Wenn Sie Besuch haben!

Biskuit:

5 Eier
1 Prise Salz
125 g Akazienhonig (ca. 4–5 EL)
125 g Vollkornmehl
30 g Kakaopulver
Butter für das Blech

Füllung:

250 g Magerquark
50 g Akazienhonig (ca. 2 EL)
1 Msp. Naturvanillepulver (aus dem Reformhaus) oder das Mark von 1 Vanilleschote
200 ml Vollrahm (Sahne)
ca. 500 g Früchte nach Wahl (z. B. Himbeeren, Sauerkirschen)

Puderzucker zum Bestreuen oder 250 ml Vollrahm (Sahne) und Schokospäne

1 Den Backofen auf 200 Grad vorheizen.

2 Für das Biskuit die Eier trennen. Das Eiweiß mit 1 Prise Salz sehr steif schlagen. Das Eigelb zusammen mit dem Honig und 3 EL Wasser zu einer dicken hellen Creme aufschlagen. Mehl, Kakao und die Hälfte des Eiweißes sehr schnell mit der Eigelbcreme vermischen, dann den Rest des steif geschlagenen Eischnees langsam und sorgfältig unterziehen.

3 Ein Backblech mit Backpapier auslegen und das Papier leicht einfetten. Die Masse gleichmäßig darauf ausstreichen und im vorgeheizten Ofen 10–12 Minuten backen. Danach auf ein sauberes Tuch stürzen und unter dem umgedrehten Blech erkalten lassen oder in ein Tuch einrollen und im Tuch erkalten lassen.

4 Für die Füllung den Quark zusammen mit Honig und Vanillepulver bzw. Vanillemark gut vermischen, bei Bedarf nachsüßen. Den Rahm steif schlagen und unterziehen.

5 Die Biskuitroulade zuerst mit der Quarkmasse bestreichen, dann die gut abgetropften Früchte darauf verteilen und die Biskuitroulade sorgfältig einrollen. Mindestens 1 Stunde in den Kühlschrank oder in den Tiefkühler stellen.

6 Zum Anrichten entweder mit Puderzucker bestreuen oder den Rahm steif schlagen und die Roulade damit einstreichen und mit Schokospänen bestreuen.

Russische Nusstorte

Für eine Springform von 18 cm Durchmesser

6 Eier
2 EL Honig
250 g gemahlene Baumnüsse (Walnüsse) oder Haselnüsse
1 EL Weizenkeime
1 Prise Salz
Butter für die Form

steif geschlagener Rahm oder Quark, Rahm-Beeren oder Quark-Beeren

1 Die Springform ausbuttern. Den Backofen auf 200 Grad vorheizen.
2 Die Eier trennen. Das Eigelb zusammen mit dem Honig und 2 EL kaltem Wasser zu einer schaumigen Creme rühren. Die gemahlenen Nüsse und die Weizenkeime unterziehen.
3 Das Eiweiß mit 1 Prise Salz steif schlagen und unter die Eigelbmasse ziehen. Den Teig in die Springform füllen und im vorgeheizten Backofen etwa 45 Minuten backen.
4 Den Kuchen mit Schlagrahm servieren oder horizontal durchschneiden und füllen, zum Beispiel mit Quark, mit einer Quark-Beeren- oder einer Rahm-Beeren-Füllung.
5 Der Kuchen hält sich gut 1 Woche im Kühlschrank.

Fragebogen zur Ermittlung des Stoffwechseltyps

Ernährungsspezialisten hatten schon immer bemerkt, dass die Menschen, bedingt durch ihre Konstitution und ihre vegetative Steuerung, auf verschiedene Lebensmittel unterschiedlich reagieren. Am besten bewährt hat sich bisher die Einteilung nach dem Stoffwechseltyp: Kohlenhydrattyp, Eiweißtyp und Mischtyp. Erfunden wurde diese Typologie vom Amerikaner Dr. Kelley und seinem Nachfolger Dr. William Wolcott (William Wolcott, The Metabolic Typing Diet, 1994; Peter Königs, Das Synergie-System, 1999; Isabel de Los Rios, The Diet Solution, 2007. Siehe dazu auch die empfehlenswerte Website www.metabolic-typing.de.)

Anhand des folgenden Fragebogens können Sie selbst herausfinden, zu welchem Typus Sie gehören.
Wichtig: Sie sollten sich erst dann nach Ihrem Stoffwechseltyp ernähren, wenn das gewünschte Gewicht erreicht ist. Um abzunehmen, muss auch der Kohlenhydrattyp die Kohlenhydrate drastisch reduzieren.

Frage	Spalte 1	Spalte 2	Spalte 3
Klimavorliebe	Ich mag warmes, heißes Wetter.	Ich mag kühles, frisches Wetter.	Es ist egal, ob es heiß oder kalt ist.
Lieblingsessen	Leichtere Speisen wie Salat, Huhn, süßer Nachtisch	Herzhafteres wie Rind, Schwein, Kartoffeln, zum Nachtisch Käse	Von allem etwas
In Gesellschaft bin ich …	Zurückhaltend, nicht gesprächig, schüchtern	Extrovertiert, gesprächig, gesellig	
Mein Appetit beim Frühstück ist …	Eher schwach, gering	Groß oder sogar sehr groß	Mal größer, mal kleiner
Mein Appetit beim Mittagessen ist …	Eher schwach, gering	Groß oder sogar sehr groß	Mal größer, mal kleiner
Mein Appetit beim Abendessen ist …	Eher schwach, gering	Groß oder sogar sehr groß	Mal größer, mal kleiner
Auslassen von Mahlzeiten …	Macht mir nichts aus.	Ich muss regelmäßig oder oft essen.	Drei Mahlzeiten am Tag sind für mich am besten.
Reaktionen auf rotes, dunkles Fleisch (z. B. Rind, Wild oder Lamm)	Verringert meine Energie und mein Wohlbefinden.	Steigert meine Energie und mein Wohlbefinden.	Reagiere nicht besonders auf rotes, dunkles Fleisch.
Fettige Nahrungsmittel …	Mag ich nicht.	Mag ich und möchte ich oft essen.	Sind nicht besonders wichtig für mich.
Meine Einstellung zum Essen	Ich esse, um zu leben. Essen ist nicht wichtig.	Ich lebe, um zu essen, esse sehr gerne.	Mein Interesse an Essen ist durchschnittlich.
Essen vor dem Zubettgehen	Ich schlafe dann meist schlechter.	Ich schlafe dann meist besser.	Macht mir nicht viel aus, nur wenn es sehr schwer war.
Reaktionen auf fettreiches Essen	Verringert meine Energie und mein Wohlbefinden.	Steigert meine Energie und mein Wohlbefinden.	Keine besondere Reaktion.
Leistungsfähigkeit	Ich muss, um fit zu sein, nicht oft essen.	Ich muss, um fit zu sein, oft essen.	Notfalls lasse ich ein Essen aus.
Hungergefühle habe ich …	Selten	Oft, häufig stark	Nur wenn sich das Essen verzögert
Größe der Mahlzeiten	Ich mag lieber kleine Mahlzeiten.	Ich mag lieber große Mahlzeiten oder möchte oft essen.	Am liebsten durchschnittlich.
Meine Einstellung zu anderen	Ich bin oft distanziert, verschlossen, nicht der gesellige Typ.	Ich bin eher offenherzig, zugänglich, warm, der gesellige Typ.	
Salziges Essen	Essen ist mir oft zu salzig.	Ich mag gerne viel Salz am Essen.	Salziges mag ich durchschnittlich.
Zahl der Mahlzeiten pro Tag	Zwei Mahlzeiten, selten zwischendurch noch etwas Kleines.	Drei Mahlzeiten, zwischendurch oft noch etwas Kleines.	

Frage	Spalte 1	Spalte 2	Spalte 3
Augenfeuchtigkeit	Ich habe eher trockene Augen.	Ich habe eher feuchte, tränende Augen.	
Reaktionen auf Orangensaft (ohne anderes dazu)	Gibt mir Energie, reicht für einige Zeit aus.	Steigert den Hunger, macht nervös, zittrig oder verursacht Übelkeit.	Hat keine besondere bemerkbare Wirkung auf mich.
Meine Vorliebe beim Nachtisch	Ich liebe Süßes, brauche meist etwas Süßes.	Möchte lieber Fettreiches oder Salziges.	Ich mag sowohl Süßes als auch Herzhaftes.
Egal, was ich esse, nach dem Essen …	… bin ich oft sehr müde oder erschöpft.	… bin ich nur sehr selten müde oder erschöpft.	… bin ich ab und zu müde oder erschöpft.
Ich vertrage nicht gut …	Schweres, fettes Essen	Obst	Ich vertrage fast alles gut.
Geduld	Ich bin eher ungeduldig.	Ich habe meist sehr viel Geduld.	Ich bin gelegentlich ungeduldig.
An Essen denken: Ich denke …	… nicht oft ans Essen, vergesse es manchmal.	… oft ans Essen und esse oft, obwohl ich nicht hungrig bin.	
Vertrage nicht so gut …	Dunkles, rotes Fleisch	Gemüse	Ich vertrage fast alles gut.
Vertrage nicht so gut …	Milchprodukte, besonders fettige	Süßen Nachtisch, Zucker, Süßes	Ich vertrage fast alles gut.
Ich nehme vor allem zu durch …	Viel Eiweiß (wie Fleisch, Quarkspeisen)	Viel Süßes (viel Kuchen, Zucker)	
Habe ich die Wahl, mag ich lieber …	Salat statt einer cremigen Suppe	Eine cremige Suppe statt einem Salat	
Gegenüber früher mag ich nicht mehr …	Dunkles, rotes Fleisch und fettes/schweres Essen	Obst und Süßigkeiten, Gemüse und Salate	Ich mag beides gleich gern.
Interessiere mich …	… für viel Verschiedenes.	… nicht für vieles, vieles ist mir egal.	Ich mag beides gleich gern.
Habe ich die Wahl, mag ich lieber …	Müsli, Obst, Brötchen mit Marmelade	Eier, Wurst, Schinken, Käse oder Sojawurst	Ich mag Herzhaftes und Süßes gleich gern.
Habe ich die Wahl, mag ich lieber …	Obstkuchen, Sandkuchen oder Plätzchen	Sahnekuchen oder Buttercremetorte	Ich mag beides gleich gern.
Speichel: Ich habe …	… oft einen eher trockenen Mund.	… sehr selten einen trockenen Mund.	
Saure Nahrungsmittel	Mag ich nicht, kein Verlangen danach.	Mag ich sehr gerne.	Mag ich manchmal.
Reaktionen auf Süßes (wie Bonbons, Zucker, Kuchen)	Vertrage ich gut, keine negativen Reaktionen. Sie stillen den Appetit.	Vertrage ich nicht gut. Sie steigern nur kurz die Energie und wecken Verlangen nach mehr Süßem.	Sie haben keine negative Wirkung, die mir besonders auffallen würde.
Wenn ich länger als vier Stunden ohne Essen bin …	… macht mir das nichts aus.	… werde ich reizbar, zittrig oder deprimiert.	… habe ich nur ein normales Hungergefühl.
Wenn ich etwas Vegetarisches esse …	… reicht es mir aus und macht mich für längere Zeit satt.	… macht es mich nicht lange satt.	… ist es erst mal befriedigend, nur nicht sehr lange.
Neigung zu Zornesausbrüchen	Ja, ich neige dazu, ärgere mich leicht.	Nein, ich werde nicht leicht ärgerlich.	
Wenn ich zum Frühstück viel Eiweiß esse (wie Eier, Soja, Quark, Fleisch) …	… werde ich bis mittags müde, schläfrig, lethargisch oder sehr durstig.	… fühle ich mich bestens, voller Energie, habe eine gute Ausdauer.	… geht es mir gut, solange ich nicht zu viel Eiweiß esse.
Verlangen auf Zwischenmahlzeiten	Brauche selten oder nie eine Zwischenmahlzeit.	Esse gerne zwischen den Hauptmahlzeiten.	Von Tag zu Tag unterschiedlich.

Frage	Spalte 1	Spalte 2	Spalte 3
Kartoffeln	Mag ich nicht besonders gern.	Mag ich sehr.	Kann ich essen, muss aber nicht.
Hautfettigkeit	Ich habe eher eine trockene Haut.	Ich habe eher eine fettige Haut.	Hautfettigkeit ist durchschnittlich.
Wenn ich zum Mittagessen viel Eiweiß esse (wie Fisch, Soja, Geflügel) …	… werde ich nach dem Essen müde, schläfrig oder habe mittags keine Energie.	… fühle ich mich bestens, voller Energie und Ausdauer und kann bis zum Abendessen aushalten.	… geht es mir gut, solange ich nicht zu viel Eiweiß esse.
Ich mag lieber …	Reis statt Kartoffeln	Kartoffeln statt Reis	Ich mag beides gleich gern.
Energie geben mir …	Obst, Gebäck oder Süßes	Eiweißreiches (wie Fleisch) oder Fettreiches (wie Sahne usw.)	Praktisch alles, was ich esse, steigert meine Energie.
Meine Energie wird verringert durch …	Eiweißreiches (wie Fleisch) oder Fettreiches (wie Sahne usw.)	Obst, Gebäck oder Süßes	Nichts. Alles, was ich esse, steigert meine Energie.
Meine liebste Zwischenmahlzeit	Süßes	Herzhaftes oder Fettreiches	Ich mag beides.
Hautjucken	Häufig	Manchmal	Habe ich selten oder nie.
Meine Verdauung ist eher …	Schwach. Oft Aufstoßen, Blähungen; ich muss aufpassen, was ich esse.	Gut, stark. Keine Verdauungsprobleme, kann praktisch alles essen.	Durchschnittlich. Habe nur wenige Probleme, kann das Meiste ohne weiteres essen.

Auswertung:

Zählen Sie in jeder der drei Spalten die Anzahl der angekreuzten Antworten zusammen.

Spalte 1 am meisten Kreuze: Sie sind ein *Kohlenhydrattyp.*

Spalte 2 am meisten Kreuze: Sie sind ein *Eiweißtyp.*

Spalte 3 am meisten Kreuze: Sie sind Sie ein *Mischtyp.*

Rezeptverzeichnis

Margrit Sulzberger Ernährungsspezialistin und Vitalstofftherapeutin. Langjährige Präsidentin des ehemaligen Verbandes der Schweizer Vitalstofftherapeuten, Dozentin im NVS und anderen Schulen. Zahlreiche Bücher zu Ernährung sowie zu verschiedenen Krankheiten und deren Behandlung über Vitalstoffe und Ernährung.